21世纪经济管理新形态教材·工商管理系列

绩效与薪酬管理

杨廷钫 ◎ 主编

清华大学出版社
北京

内 容 简 介

本书主要内容分为三个部分：第一部分"绩效管理"按照绩效管理构成，分别介绍绩效计划、绩效辅导、绩效考核和绩效改进等内容；第二部分"直接薪酬"按照薪酬管理的主要决策内容，分别介绍薪酬体系、薪酬水平、薪酬结构等方面；第三部分"福利薪酬"主要讨论间接薪酬相关内容，介绍了福利构成、福利发展历程、福利计划制订等。此外，本书还讨论了港澳台的雇员福利情况。

本书既可满足工商管理类本科生的"绩效与薪酬管理"课程教学需要，也可供人力资源管理实践工作者阅读。

本书封面贴有清华大学出版社防伪标签，无标签者不得销售。
版权所有，侵权必究。举报：010-62782989，beiqinquan@tup.tsinghua.edu.cn。

图书在版编目(CIP)数据

绩效与薪酬管理/杨廷钫主编. —北京：清华大学出版社，2024.4
21世纪经济管理新形态教材. 工商管理系列
ISBN 978-7-302-65848-1

Ⅰ.①绩… Ⅱ.①杨… Ⅲ.①企业管理－人事管理－教材 ②企业管理－工资管理－教材
Ⅳ.①F272.92

中国国家版本馆CIP数据核字(2024)第061974号

责任编辑：张 伟
封面设计：汉风唐韵
责任校对：王荣静
责任印制：刘海龙

出版发行：清华大学出版社
网　　址：https://www.tup.com.cn，https://www.wqxuetang.com
地　　址：北京清华大学学研大厦A座　　邮　编：100084
社 总 机：010-83470000　　邮　购：010-62786544
投稿与读者服务：010-62776969，c-service@tup.tsinghua.edu.cn
质量反馈：010-62772015，zhiliang@tup.tsinghua.edu.cn
课件下载：https://www.tup.com.cn，010-83470332
印 装 者：定州启航印刷有限公司
经　　销：全国新华书店
开　　本：185mm×260mm　　印　张：11.5　　字　数：241千字
版　　次：2024年5月第1版　　　　　　　印　次：2024年5月第1次印刷
定　　价：48.00元

产品编号：102714-01

前言

人力资源管理包括六个模块,分别是工作分析、人力资源规划、招募与甄选、培训与开发、绩效管理、薪酬管理。其中,绩效管理和薪酬管理分别涉及价值评价与价值分配环节,是人力资源管理中最核心和最重要的部分,与企业竞争优势密切相关。"绩效与薪酬管理"是"人力资源管理"的后续课程,是工商管理、市场营销类专业的必修课或选修课。本书结合我国的人力资源管理法律环境、政策环境,介绍企业组织的绩效和薪酬管理理论与实务,力求内容新颖、体系完整,既重视基础理论,又突出实用性。本书主要内容包括三部分,分别是绩效管理、直接薪酬和福利薪酬。本书重视理论与实践相结合,在理论基础上,介绍相关学科的最新研究成果,可以满足高年级本科生教学需要。

本书主要特点包括:第一,整合相关课程内容。"绩效与薪酬管理"是管理类本科专业的必修课或选修课,在教材选择方面,专门针对该领域的教材比较少,缺少将绩效管理和薪酬管理进行整合,体系完整、内容充实的教材,对课程讲授造成了较大困难和不便,因此,开发相应教材可以提升课程教学效果和培养质量,为实际工作者的自学或培训提供更多选择。第二,适应不同类型学生的教学需要。薪酬福利管理与所在地区社会、经济、法律等环境存在着密切联系,在这种情况下,本书在重视理论基础的同时,为适应外招生的教学需求,对我国港澳台及内地(大陆)的福利管理进行比较研究,可以让港澳台侨学生了解中国内地(大陆)的绩效和薪酬管理相关理论和实践,也可以让内招生了解港澳台地区的相关情况,对促进粤港澳大湾区人才合作具有正面积极意义。

本书是暨南大学本科教材资助项目(港澳台侨学生使用教材资助项目)以及国家社科基金一般项目(20BGL146)的成果。

编 者
2023 年 12 月

目 录

第一部分 绩效管理

第一章 绩效管理绪论 ... 3
- 第一节 绩效概述 ... 3
- 第二节 绩效管理概述 ... 5
- 第三节 绩效管理与薪酬管理的关系 ... 10
- 即测即练 ... 12

第二章 绩效计划和绩效辅导 ... 13
- 第一节 绩效计划 ... 14
- 第二节 绩效辅导 ... 21
- 即测即练 ... 27

第三章 绩效考核与绩效改进 ... 28
- 第一节 绩效考核 ... 29
- 第二节 绩效改进 ... 46
- 即测即练 ... 55

第二部分 直接薪酬

第四章 薪酬管理绪论 ... 59
- 第一节 薪酬概述 ... 60
- 第二节 薪酬管理概述 ... 63
- 第三节 战略性薪酬管理 ... 66
- 即测即练 ... 70

第五章 职位薪酬体系 ... 71
- 第一节 职位薪酬 ... 72

第二节　职位评价 …………………………………………………………… 73
　　第三节　其他常用职位评价方法 …………………………………………… 80
　　即测即练 ……………………………………………………………………… 82

第六章　薪酬结构 …………………………………………………………………… 83

　　第一节　薪酬结构基本概念 ………………………………………………… 84
　　第二节　薪酬结构设计 ……………………………………………………… 87
　　即测即练 ……………………………………………………………………… 90

第七章　技能薪酬体系 ……………………………………………………………… 91

　　第一节　技能薪酬 …………………………………………………………… 92
　　第二节　技能薪酬体系设计 ………………………………………………… 94
　　即测即练 ……………………………………………………………………… 100

第八章　薪酬水平策略 ……………………………………………………………… 101

　　第一节　薪酬水平决定理论 ………………………………………………… 102
　　第二节　工资差别和薪酬水平影响因素 …………………………………… 104
　　第三节　薪酬水平策略 ……………………………………………………… 108
　　第四节　薪酬调查 …………………………………………………………… 109
　　即测即练 ……………………………………………………………………… 115

第九章　绩效奖励计划 ……………………………………………………………… 116

　　第一节　绩效奖励计划的基本原理 ………………………………………… 117
　　第二节　绩效奖励计划的种类 ……………………………………………… 119
　　即测即练 ……………………………………………………………………… 129

第十章　薪酬成本控制和薪酬预算 ………………………………………………… 130

　　第一节　人工成本管理概述 ………………………………………………… 131
　　第二节　薪酬预算和薪酬控制 ……………………………………………… 132
　　即测即练 ……………………………………………………………………… 140

第三部分　福利薪酬

第十一章　员工福利管理 …………………………………………………………… 143

　　第一节　员工福利概述 ……………………………………………………… 144

    第二节　员工福利计划 …………………………………………………… 155
    即测即练 ………………………………………………………………………… 161

参考文献 ………………………………………………………………………… 162

附录　港澳台地区雇员福利管理 …………………………………………… 164
    附录 A　中华人民共和国香港特别行政区员工福利管理 ……………… 164
    附录 B　中华人民共和国澳门特别行政区员工福利管理 ……………… 169
    附录 C　中华人民共和国台湾地区员工福利管理 ……………………… 172

第一部分

绩效管理

第一章　绩效管理绪论
第二章　绩效计划和绩效辅导
第三章　绩效考核与绩效改进

第一章

绩效管理绪论

本章学习目标
1. 绩效和绩效管理的定义；
2. 绩效管理的功能和作用、类型、内容、评价标准等；
3. 绩效管理与薪酬管理的关系及发展趋势。

引例

业务绩效、价值观两手抓的绩效考核

在阿里巴巴，从事 HR（人力资源）管理工作的人员都被称为"政委"。难道阿里巴巴是军事化管理吗？"政委体系"的本质到底是什么？"政委"实际上是业务部门"二号人物"，使命就是传承价值观、建设有战斗力的队伍，在价值观建设和组织保证方面具有充分的话语权与决策权。阿里巴巴的员工绩效考核包括业务绩效、价值观匹配两方面。其中，业务绩效也称岗位胜任能力，考察员工的业务绩效与所聘岗位的标准和要求是否相符；价值观匹配主要考察员工价值观是否与企业价值观以及所聘岗位价值观相符。

在权重分配上，业务绩效和价值观匹配考核各占50%，业务主管负责业绩评价，"政委"则负责价值观评价。评价结果表明公司对员工的认可度，也代表丰厚的奖金和颇高的升职机会。为了防止价值观匹配考核流于形式，阿里巴巴要求员工自评或主管评价下级时，打分过高或过低，都要给出事例说明。

其实，业务能力和价值观不仅是阿里巴巴员工考核标准，也是员工招聘标准。在招聘面试最后一关，一般都会有一位资深考官把关，这个人被称为"闻味官"，"闻"的就是应聘者价值观。在招聘中，"闻味官"甚至拥有一票否决权。HR 和技术主管都满意，但只要"闻味官"觉得应聘者与部门和岗位所要求的价值观不相符，就不会予以录用。

资料来源：何斌,王沁橙,李媛媛,等.政委体系：让 HR 与业务无缝连接[J].企业管理,2017(8):66-68.

第一节　绩　效　概　述

一、绩效的定义

从定义上，绩效（performance）是那些经过评价的工作行为、工作能力和工作结果。组织中不同群体适用于不同的绩效定义,如针对体力劳动者、事务性或程序性工作的员工,主要强调任务完成情况;针对高层管理者、销售或售后服务等工作性质可量化的员工,主要强调结果与产出;针对从事创新工作的知识员工,则同时强调"做了什么"和"能做什么",不仅关注过去,同时关注未来。总的来说,绩效定义形成了过程和结果两种不同视角。过程视角分析哪些行为和能力可以转化为结果,如关系绩效、适应性绩效、前瞻行为等均属于此范畴,能更好地解释绩效产生的内在机制。结果视角则强调设置多维度、多层次的量化绩效标准进行客观、准确的评价。

本书的绩效定义是达到或超出客户期望的工作行为、工作能力和工作结果,包括两层含义:第一,达到或超出客户期望。客户包括内部客户和外部客户两方面,客户期望是绩效的价值来源,也是评价标准。第二,包括工作行为、工作能力和工作结果三方面,其中,工作行为是与工作目标实现有关的、可转化为工作结果的外在行为表现。工作能力是个体所具有的促进工作目标实现的知识和技能的总和,是与完成工作任务或职责相关的个性心理特征。工作结果是与组织目标一致的工作成果与产出。

二、绩效构成

绩效具有多维性,即由多个维度构成,绩效应是综合的、平衡的、全面的,如果只侧重于某一方面,而不能兼顾其他,则无法实现绩效最大化目标。其构成包括以下两方面。

(1) 任务绩效、关系绩效和适应性绩效。伯曼(Borman)和莫托维德罗(Motowidlo)最早提出任务绩效和关系绩效。其中,任务绩效是组织正式定义的工作职责和内容,包括工作数量、质量、时间、成本、他人的评价等。任务绩效属于角色内行为,当员工完成某项规定任务以支持组织关键职能发挥时,即表现为任务绩效。关系绩效是个体自发行为或超职责行为,属于角色外行为。其特点包括:不包含在工作说明书中,不直接与工作任务相联系,不在组织正式奖惩系统覆盖范围内,与员工个性特征和人格特征密切联系,构成组织的社会背景和心理背景。关系绩效包括人际改善和工作投入两方面,如员工主动帮助其他同事,付出额外努力完成任务,即表现为关系绩效。适应性绩效是独立于前两者的第三个维度,当工作要求和条件发生变化时,个体在某项任务上的学习能够有效地迁移到其他任务,迁移后行为产生的绩效即为适应性绩效。适应性绩效包括适应行为和主动行为两方面,具体包括身体适应性、创造性解决问题、处理紧急事件、人际适应性、文化适应性、学习新的工作技术与方法、应对工作压力、处理不确定工作情境等。

(2) 组织绩效、团队绩效、流程绩效和个人绩效。组织绩效是在一定时期内组织取得的财务或非财务绩效,包括财务、顾客、内部流程以及学习与成长等方面。团队绩效是团队任务目标实现情况,成员满意度以及成员继续协作的能力和意愿,团队领导、团队规模、团队冲突、激励方式等均会影响团队绩效。流程绩效是为特定客户提供产品或服务的系列相关的任务集合所产生的有价值成果。由于流程突破了部门边界,流程绩效需要跨职能、部门、岗位协同才可以实现。个人绩效指在完成工作目标与任务的过程中所体现出的个体绩效。

三、绩效影响因素

绩效具有多因性,即工作绩效不取决于单一因素,而是受制于主、客观多种因素或多主体的共同影响。绩效影响因素除了个人因素(即个人是否具备完成工作的知识、技能和动机),还包括外部环境因素(即工作环境是否具备支持完成工作的外在条件)。常用绩效 $P=F(S,O,M,E)$ 公式来表示绩效影响因素,其中,P 表示绩效,S 表示工作能力,O 表示工作机会,M 表示激励(态度),E 表示工作环境。这说明,绩效是个人的,但是影响绩效除了个人因素,还包括组织内部、外部环境因素。从管理者角度,需要帮助员工提升工作能力和改善工作态度,并为员工提供公平的工作机会,与此同时,还需关注外部环境对员工绩效的影响,并提供支持和帮助。

第二节 绩效管理概述

一、绩效管理的定义

绩效管理是管理理念和管理方法的集合。摩托罗拉公司曾经提出,"组织管理=人力资源管理,人力资源管理=绩效管理"的连等式,管理活动目的是提升资源配置效率和效果,以及实现相关者利益最大化,因此,如果从这个角度理解,管理活动本质上就是绩效管理。

在定义上,绩效管理是管理者和下属员工共同制订目标,通过持续不断沟通,实现组织目标和个体目标的管理过程,包括绩效计划、绩效监控、绩效评价和绩效改进等。其中,绩效计划侧重于"做什么",绩效监控侧重于"如何做",绩效评价侧重于"做得如何",绩效改进侧重于"如何做得更好"。绩效管理具有以下特点。

(1) 以组织战略为导向。通过绩效管理,将组织目标分解为部门目标或团队目标,进一步分解为岗位目标,确保个体绩效与组织目标一致,因此,通过绩效管理可以保证实现组织战略目标。

(2) 与其他人力资源管理职能相互依存和衔接。绩效管理与其他人力资源管理职能相互衔接和匹配才能发挥作用,各职能之间相互依存和影响。如工作分析明确工作职责,制定明确的绩效标准。胜任力模型明确能力素质和工作行为,为绩效管理提供依据。建立与绩效相联系的薪酬体系,保证绩效管理有效性。绩效管理与其他人力资源管理职能的关系如图 1-1 所示。

(3) 系统的管理方法。绩效管理不等于绩效考评,绩效考评只是绩效管理的一个环节,侧重于事后判断和评价,只在绩效周期结束后进行。绩效管理则是完整的、系统的管理过

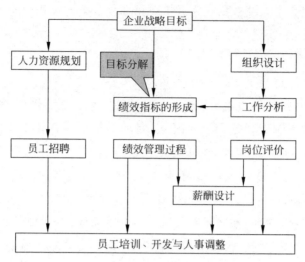

图 1-1 绩效管理与其他人力资源管理职能的关系

程,侧重于事前控制和事中控制,注重能力提升和绩效改善,重视事先沟通与承诺,其目的是与下属形成绩效合作伙伴关系。

(4) 具有管理和发展的双重目的。首先,绩效管理广泛运用于奖惩激励、人员配置、员工培训与开发等,管理目的在许多组织中得以充分发挥。但更重要的是,通过绩效管理帮助员工不断获得成长和改进,持续提升内部可雇用性,以及推动组织变革和绩效改进,因此,绩效管理有效性更体现在其是否具有发展目的,这也是绩效评价和绩效管理的区别之处。绩效管理与绩效评价的区别如表 1-1 所示。

表 1-1 绩效管理与绩效评价的区别

绩效管理	绩效评价
完整的管理过程	绩效管理过程中的一个环节
侧重于能力提升和绩效改善	侧重于员工绩效判断和评估
伴随着管理全过程	只出现在特定时期
侧重于事先沟通与承诺	侧重于事后评价

二、绩效管理的分类

绩效管理不限于人力资源管理领域,不同类型绩效管理具有不同的管理目的、方法、主体和对象。与此同时,各种类型的绩效管理归根结底均与人的动机、能力等直接或间接相关,因此,基于人力资源的绩效管理具有基础性、根本性作用,绩效管理包括以下几种类型。

(1) 以人力资源为核心的绩效管理:管理者针对不同层级员工,侧重于对员工能力、行为和结果进行计划、监控、评价和改进等管理活动,从而提升各层次绩效,一般由员工所在部门和人力资源部门共同主导。

（2）以财务为核心的绩效管理：采用财务预算、成本控制、财务分析等绩效管理方法，以实现组织财务目标。其主要针对组织和部门层面，侧重于公司或部门财务指标的计划、控制、评价和改进等，一般由财务部门主导，其他部门提供支持。

（3）以业务流程为核心的绩效管理：基于生产和销售等业务流程的业务数据、客户投诉、标杆比较、工作观察等，发现绩效差距，在原因分析基础上制定对策，推动组织流程持续改进，向客户提供高质量产品和服务，一般由业务部门主导。

三、绩效管理的目的

对内部而言，绩效管理有利于管理者动态掌握目标完成情况，减少期望与现实的偏差。对外部而言，绩效管理帮助投资者和利益相关者了解组织绩效，客观、准确地评价企业市场价值。总的来说，绩效管理的目的包括以下方面。

（1）战略目的。战略一致性是指绩效管理与组织战略、目标和文化的一致匹配程度，包括纵向一致性和横向一致性两方面。纵向一致性是指绩效管理与组织战略保持一致，通过绩效管理支持组织目标实现以及组织战略实施；通过绩效管理引导员工能力提升和行为改进，提升组织绩效，对组织战略形成纵向支持作用，具体如图1-2所示。横向一致性是指绩效管理与其他人力资源管理模块具有内在一致性，与薪酬管理、培训与开发、人员配置、招募与甄选等形成横向均衡、相互支持的管理系统，横向一致性影响人力资源管理各模块之间的协同性。

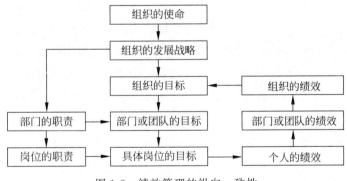

图1-2 绩效管理的纵向一致性

（2）管理目的。通过绩效管理为其他人事决策提供依据，如薪酬分配、人员配置、员工晋升、培训开发、保留和解雇等，以保证人事决策的公平性、激励性和合法性。通过绩效管理有效区分高绩效员工和低绩效员工，促进形成高效能的人力资源队伍，营造公平的组织氛围。管理目的会对员工造成较大压力，既具有促进作用，也具有抑制甚至异化作用。

（3）发展目的。在个人层面，通过绩效管理发现员工在能力、态度和行为等方面存在的差距与不足，从而确定培训需求，促进员工成长。在组织层面，通过绩效管理发现组织绩效存在的偏差和差距，并进行原因分析和制订改进措施，实现持续绩效改进和组织变革。发展目的重点不在于奖惩，不会对员工造成过大压力，对组织持续发展具有促进作用。

四、绩效管理的内容

绩效管理由计划、实施、控制、改进等环节构成，包括绩效计划、绩效监控与辅导、绩效评价和绩效改进，四部分相互联系和衔接，构成循环往复、不断改进、闭环螺旋上升的管理过程。

（1）绩效计划。绩效计划是绩效管理的起点，是管理者与下属在绩效周期或承担工作任务初期，就工作内容、职责权限、任务重要性、绩效标准、可能的障碍和对策、所能提供的支持和帮助等，进行充分沟通并形成共识和承诺的管理过程。通过制订绩效计划，促使上下级形成共同的绩效期望，帮助员工理解和接受组织目标，并制定正确的工作程序和方法。通过绩效计划，可以明确"做什么""为什么做""做到什么程度""谁来做"以及"如何做"等基本问题。

（2）绩效监控与辅导。绩效监控与辅导是管理者给予下属指导、激励、协调和支持，帮助员工克服工作障碍以完成目标的管理活动。绩效监控与辅导是绩效计划和绩效评价之间的关键环节，决定了绩效管理的最终成效。其目的在于保证上下级紧密沟通，形成良好的绩效伙伴关系，共同实现绩效目标。在监控和辅导的过程中，管理者要收集有关绩效考核的数据和事实，保证绩效评价的客观性和准确性。其具体包括观察与指导、辅导与纠偏等。

（3）绩效评价。绩效评价是对员工工作能力、态度和结果进行客观评价的管理活动。管理者依据绩效计划确定的目标和标准，以及监控与辅导阶段收集的绩效数据，对下属在绩效周期内或完成某项工作任务的过程和结果进行评价。评价方法可以分为主观评价和客观评价，也可以分为行为评价、能力评价和结果评价，还可以分为与标准比较、与期望比较和与他人比较等。其主要包括组织与个人绩效评价、绩效评价反馈等。

（4）绩效改进。绩效改进是管理者与员工共同分析绩效差距，确定绩效差距产生的原因，并制定对策以减少偏差的管理活动。绩效改进体现了绩效管理的发展功能和变革功能，如果没有改进环节，绩效管理将失去其价值和作用。另外，绩效改进并不是绩效管理的终点，而是下一个绩效管理循环的起点。其主要包括绩效评价结果应用、绩效改进和能力发展计划制订和实施等。

五、绩效管理的评价标准

绩效管理有效性是指绩效管理对实现组织（部门或个人）目标的促进作用和效果。如果绩效管理流于形式，未对组织发展起到促进作用，这是缺乏有效性的表现。就微观层面而言，绩效管理有效性与组织文化、管理者领导能力、人员配置以及激励机制等存在密切联系。其主要评价标准包括以下几方面。

（1）战略一致性。组织战略导致组织结构和组织文化产生相应转变，员工行为也需要相应调整，通过绩效管理向员工传递组织期望和要求，引导员工表现出符合组织战略和目标的能力与行为，促进员工目标与组织目标保持一致。由于人力资源管理战略属于职能战略层面，职能战略需要对组织战略起到纵向支持作用，因此，绩效管理同样需要促进组织战略实施。

（2）效度评价。效度是测验分值的正确测量程度，反映测量工具能够测量到想要测量的心理或行为特质的程度，包括内容效度和效标效度等。内容效度是指测验项目对测量内容的适切性和代表性，即测验内容能否反映所要测量的心理特质，具体就绩效评价而言，内容效度是指绩效评价能否真实、全面地反映工作职责完成情况以及与工作相关的能力和行为表现。效标效度是指绩效评价能否有效预测未来的工作绩效。绩效考评需保证评价的完整性，同时保证对与工作无关的因素不做评价。效度低的绩效管理体系包括缺失和污染两方面，缺失是指不能衡量绩效的全部方面，即"应该评价的，没有评价"；污染则是对与绩效无关方面进行评价，即"不该评价的，却进行了评价"。此外，评价过程应尽量避免各类偏差，如晕轮效应、近因效应、严格偏差、平均趋势、类似误差等，尽可能从多层次、多角度进行评价，如采用360度考核等。

（3）信度评价。信度评价即可靠性评价，是采用同一种评价方法对相同对象进行评价时，评价结果的稳定性和一致性，表明绩效管理系统是否可靠和可信，包括再测信度、复本信度、分半信度、评价者信度等。再测信度是相同评价对象在两个不同时间，采用相同评价方法获得评价结果的相关性，评价方法在不同时点对同一对象的评价结果需具有稳定性。复本信度是采用两个复本评价相同对象的一致性程度，两个复本除表述方式不同外，在内容、格式、难度等方面要完全一致。分半信度是评价工具划分为相等两半进行评价的相关性。评价者信度是不同评价者对相同员工所做评价的相关程度，如果评价结果一样或接近，评价者信度较高。总的来说，两者关系是，信度是效度的必要条件，而非充分条件。

（4）公平性。绩效评价公平是组织公平的重要构成，包括程序公平、人际公平、结果公平等方面，需从绩效标准合理性、同等的工作支持、加强全过程沟通、提供员工申诉机会等方面予以保证。其具体包括：第一，程序公平。在绩效计划阶段，绩效标准和目标制定需给予员工充分参与的机会。在绩效辅导阶段，给予员工充分的工作支持，保证工作机会和资源的均等性。在绩效评价阶段，采用一致的、客观的评价标准，减少各种评价偏差。第二，人际公平。通过使用明确、客观的评价指标以及加强评价者培训，减少评价误差和偏见。在尊重的氛围中向下属提供评价结果反馈和建设性的改进建议。提供下属申诉机会，允许员工对绩效评价结果提出质疑。第三，结果公平。结果公平表现为评价结果能够让员工接受，以及评价结果公平地运用到其他人事决策，由价值评价决定价值分配。

（5）人性化程度。许多研究均证实绩效管理提升组织竞争优势。与此同时，绩效管理也可能导致员工负面心理表现，如情绪衰竭、焦虑、压力、工作倦怠等，这些情况正逐渐引起更多重视。建立在经济人和工具人假设基础上的绩效管理，主张通过控制方式，发挥员工最大潜能，不会过多考虑员工的付出和消耗。因此，绩效管理应基于社会人、自我实现人假设，重视员工发展需要，通过人性化的管理方式，帮助员工满足发展需求，获得自我实现。不同的理论假设，将导致不同的绩效管理目的，产生截然不同的结果。

六、绩效管理组织系统

绩效管理是人力资源管理的重要职能，需要全员、全过程参与，成立专门组织来予以推动，明确组织各层级、各职能人员在其中的责任和角色，保证绩效管理系统正常运转。此外，管理者需要接受绩效管理理念并内化为行为习惯，成为自动自发的管理行为。

绩效管理不仅是人力资源部门的职责，还是所有管理者及基层员工的责任，但不同主体的角色和分工存在差别。总的来说，高层管理者是绩效管理的发起者、组织者和推动者。中层管理者是直接的实施主体、员工绩效的合作伙伴。员工是绩效管理的参与者和执行者、自我绩效管理者。人力资源部门是专业技术支持提供者、监督推动者、员工的服务者和合作伙伴，具体如表1-2所示。

表1-2 绩效管理各绩效主体角色和职责

绩效主体	角色	职责
高层管理者	发起者、组织者、推动者	制定组织战略、战略目标，关键成功领域；建立企业文化、价值观及行为规范，明确组织绩效文化；制定与绩效管理相联系的激励体系；为实现绩效目标提供必要的资源支持
中层管理者	员工绩效合作伙伴、绩效管理直接实施者	涉及绩效管理全过程（包括计划、辅导、监督、评价、反馈、改进等）；运用考核结果（如人员配置、培训开发、人员淘汰、奖励计划、绩效改进等）
员工	绩效管理参与者、自我绩效管理者	主动参与绩效管理全过程；承担绩效目标和工作职责，履行绩效契约；对绩效进行自我计划、监督、控制和评价；为完成工作职责和绩效目标进行自我学习和自我培训
人力资源部门	专家、服务者、合作者	制定绩效管理相关制度；为各级管理者和员工提供绩效管理相关技术和方法的辅导与咨询

第三节 绩效管理与薪酬管理的关系

一、绩效管理与薪酬管理相结合

绩效管理与薪酬管理是人力资源管理的重要职能，前者涉及价值评价，后者涉及价值分配。两者的关系是：价值评价是价值分配的依据，价值分配的公平性则会影响价值创造。

因此，将绩效管理与薪酬管理相结合是重要的发展趋势。以往的职位薪酬体系缺乏灵活性，无法将员工个人或团队薪酬与绩效紧密联系，绩效薪酬则有效地解决了此问题。在当前复杂多变的组织外部环境下，工作方式团队化、知识化、项目化，需要充分发挥职位薪酬（job-based pay）和绩效薪酬两者的激励作用，按照个体职位价值和实际贡献进行价值评价与分配。绩效管理与薪酬管理的关系体现在以下几方面。

（1）绩效管理为薪酬决策提供依据。绩效管理目的可以分为管理目的和发展目的两方面。其中，管理目的主要为奖金分配、人员晋升等提供决策依据。将各项人事决策与绩效管理相结合，奖勤罚懒、奖优罚劣，提升员工分配公平感。发展目的包括提供绩效反馈、促进绩效改进、引导员工行为、强化组织价值观等。总的来说，绩效管理和薪酬管理均可以引导员工行为，前者主要通过目标引导、绩效控制等方式实现，后者则主要通过将报酬与工作行为、工作能力或工作结果相联系的方式实现。

（2）薪酬管理是绩效管理的重要保障。根据维克托·弗鲁姆（Victor Vroom）的期望理论，激励效果取决于：第一，工作能提供个体真正需要的价值。第二，个体需要的价值与绩效相联系。第三，个体只要努力就能提高绩效。在合理的绩效目标体系下，个体在工作过程中受到充分支持的前提下，薪酬体系可以加强对员工的强化和引导，提升绩效管理有效性。否则，个体只承担责任和目标，缺乏切实有效的激励措施，将导致责、权、利不对等，员工缺乏工作动力，绩效管理将失去其功能作用。

（3）绩效管理和薪酬管理对组织（团队或个体）绩效的影响存在交互作用。交互作用是指一个因素各个水平之间反应量的差异随其他因素的不同水平而发生变化的现象。对自变量而言，绩效管理和薪酬管理对组织（团队或个体）绩效均独立地存在显著影响，与此同时，考虑到不同职能的一致性问题，两者之间也存在交互效应，交互效应并不简单地等于独立效应之和，在很多情况下会产生更为显著的协同效应。

二、绩效管理与薪酬管理的发展趋势

绩效管理与薪酬管理均受到外部环境和内部组织变革的影响，需要作出相应调整和转变。其主要包括以下方面。

（1）团队化。科层制向扁平化以及传统工作向知识工作转变是职位管理的重要发展趋势。扁平化结构导致大量的跨职能团队出现，个体工作方式被团队工作方式所取代。传统工作都是确定性、重复性工作，知识工作则是不确定性、创新性工作，导致固定的、稳定的职位所占比例降低。上述现象导致依靠传统的职位评价和绩效评价方式无法真正区分员工贡献与价值。在这种情况下，如何基于动态的外部环境、团队工作方式、不稳定的工作形态、工作成果长期化等特征，变革传统的绩效管理和薪酬管理成为理论与实践领域共同关注的话题。

（2）风险化。由于市场竞争日趋激烈，企业需要承担较大的经营风险。在这种情况下，许多企业通过利润分红、股权激励、长期现金激励计划等将员工收入与组织经营绩效紧密联系,让员工共享企业成功的同时,也承担相应的风险责任。虽然这种做法增加了员工风险,而员工具有风险规避倾向和收入持续增长愿望,但通过增加风险收入比重,可以将组织目标和个体目标有效结合,具有较强的长期激励作用。

(3) 长期化。企业要吸引和留住人才,提升员工组织忠诚度,单纯依靠短期激励是不够的,还需要借助长期激励计划,如股票期权、员工持股计划、长期现金计划等。长期激励计划将员工收入与长期绩效目标相结合,使员工不仅关注短期利益,更重视组织长期目标,以避免短期行为。此外,通过所有权激励,可以形成"金手铐"效应,提高员工组织承诺,增加主体责任,有利于员工保留。

(4) 战略化。在日益激烈的竞争环境中,更多企业认识到战略管理对组织成功的重要性,战略管理理念逐渐渗透至各项职能管理之中。为了更好地吸引、保留和激励战略性人才,管理者需要从战略层面考虑绩效管理和薪酬管理。组织层面上的绩效薪酬制度,如利润分享和股权等计划让员工目标与组织战略目标保持一致,成为组织进行战略薪酬管理的有效手段。

(5) 结合化。传统单维的、静态的绩效评价逐渐被全方位的、动态的绩效评价取代,不仅重视员工工作结果,同时也关注过程中的工作行为、态度和能力;不仅关注短期绩效,更强调长期绩效。

即 测 即 练

第二章

绩效计划和绩效辅导

本章学习目标

1. 绩效计划的定义及理论基础；
2. 绩效计划的作用及构成；
3. 绩效计划的步骤和程序；
4. 绩效辅导的定义、作用及类型；
5. 绩效辅导的构成、原则、步骤和程序。

引例

IBM 怎么制订绩效计划

PBC，即个人业务承诺（personal business commitment），是 IBM（国际商业机器公司）最早开发的绩效考核工具，许多知名公司也将它引入绩效考核体系中。个人业务承诺主要由 W、E、T 三个部分组成，分别是：

（1）W（winning）：W 是对"赢"作出承诺，也叫目标承诺，主要考察做什么事以及做到什么程度，具体表现为员工承诺本人在规定的考核期限内所要完成的绩效工作任务，在本职工作基础之上，还要支持部门项目完成。目标承诺结果体现岗位或部门核心能力，体现岗位或部门对组织的整体贡献，有助于牵引上级主管注意力并获得相应资源或支持。

（2）E（execution）：E 是执行措施承诺，表明如何做才能支撑目标承诺。仅仅依靠目标承诺是不够的，还需要重点工作举措来保障。重点工作举措是针对保证关键绩效指标（key performance indicator，KPI）达成的一些关键行动或过程措施。也就是说，如果这些举措能够到位，可以确保 KPI 基本达成。这对承诺者的要求比较高，需要对未来一段时间的工作作出具体、周密、符合逻辑、行之有效的安排，以保证项目的执行和完成。IBM 将执行措施承诺作为绩效考核重要部分，是绩效评价的重点。

（3）T（teamwork）：T 是团队承诺，表示配合谁，需要谁的支持。岗位和部门完成职责不能依靠单打独斗，需要其他岗位和部门的支持与协作，需要通过充分沟通，以参与、理解、相互支持的方式获得彼此默契，与他人协作，同时也获得他人支持，以保证绩效目标实现。

资料来源：那些小众的绩效工具——PBC 篇[EB/OL].（2021-09-02）. https://zhuanlan.zhihu.com/p/405401349.

第一节 绩效计划

一、绩效计划的定义

绩效计划是绩效管理的起点,是员工与上级共同确定员工在绩效周期内应该完成什么工作以及如何完成工作的计划活动,是确定组织对员工的绩效期望并得到员工认可和承诺的过程。绩效计划通过自上而下分解目标、自下而上确认目标的管理过程,将个人目标、团队目标和组织目标相互结合。通过绩效计划,管理者和下属应就以下问题形成共识和承诺:完成什么工作?工作要达到何种结果和标准?完成工作的程序和方法是什么?工作的优先顺序是什么?需要利用哪些资源?需要获得哪些权限?将获得什么奖励或惩罚?

二、目标设置理论

爱德温·A.洛克(Eduin A. Locke)和C. L.休斯(C. L. Hughes)于1967年提出目标设置理论。该理论指出,外在刺激(如奖励、工作反馈、监督)通过目标来影响动机。目标能引导活动指向与目标有关的行为,促使个体调整努力方向和程度,并影响行为持久性。目标具有激励作用,能将个体需要转化为动机,使个体行为朝着特定的方向努力,并将行为结果与既定目标进行对照,及时调整和修正以减少偏差。尤其是在个体对目标接受性较高以及获得及时反馈的情况下,目标设置对活动结果的积极影响更为显著。目标设置理论内容包括如下方面。

(一)目标特性

(1)目标明确度。目标明确度是工作任务的重要属性,体现在任务的方向、内容、期限、标准等方面具有明确性,相对于模糊或总体的目标能产生更高绩效。目标制订过程需遵循SMART[具体的(specific)、可度量的(measurable)、可实现的(attainable)、相关性(relevant)、时限性(time-bound)]原则,即使员工清楚理解和接受目标,以降低行为盲目性。相反,模糊目标则无法使个体明确做什么以及做到何种程度,在绩效评价时缺乏清晰的绩效标准和参考依据,导致无法判断绩效优劣。

(2)目标难度。目标难度包括低难度、中难度、高难度和不可能完成等不同程度。在个体具有完成目标的能力以及较高目标承诺前提下,工作绩效与目标难度呈正向关系。目标难度与个人动机、工作能力存在密切联系。成就动机高的个体更愿意承担高难度目标;反之,则倾向于低难度目标。目标难度受到个体能力和经验的影响,能力决定了个体能否寻找到完成任务的策略,尤其在高难度任务中,这种效应更明显。总的来说,适当难度的目标可以维持更高的投入和努力,有利于提升成就感和满足感,促进个体搜索、尝试更多问题解决策略。

(二) 目标机制

目标主要通过以下机制影响行为绩效:第一,指引功能。个体注意力资源是有限的,合理目标可以引导个体的注意力资源指向目标行为,避免将过多精力投入非目标活动,更合理地分配资源。第二,动机功能。目标影响努力付出程度,高难度目标比低难度目标更具有挑战性,需要个体付出更多努力和投入。第三,意志功能。目标影响行为持久和坚持,高目标承诺促使个体在遇到挫折、困难或负面评价时,仍然坚持实现目标,表现出更强的意志行为。第四,策略功能。目标通过唤醒、搜索和发现完成目标的知识与策略,提升个体能力和素质,尤其在复杂任务情况下,这种功能体现得更明显。

(三) 调节因素

(1) 目标承诺。目标承诺定义存在坚持观点和资源分配观点两种类型。其中,坚持观点认为目标承诺是指个体实现目标的努力和坚持程度,以及在面对挫折和负面反馈时不愿降低或放弃目标。资源分配观点则认为目标承诺是个体将资源优先分配给目标实现的程度。总的来说,目标重要性、目标可实现性、个体动机、激励机制(目标效价)、领导方式、组织文化、公开承诺等均会影响员工目标承诺。

(2) 目标重要性。按照目标重要性程度不同,目标分为中心目标和边缘目标两种类型,前者重要性较高,后者重要性较低。以往研究表明,当人们接受中心目标时,完成目标对组织和个人更具价值和意义,会增加目标投入;反之,则会减少目标投入。目标重要性具有主观性,与个体动机和需要存在密切关系,如对知识员工而言,物质回报并不是其最感兴趣的,职业成就往往更重要。

(3) 目标反馈。目标实现过程中提供和获得反馈非常重要,可以减少绩效偏差。如果缺乏反馈,员工无法正确认知和评价自身绩效,不清楚存在的问题和缺陷,进而没有改进意愿。目标反馈帮助个体了解任务完成情况以及其他维度对自身绩效的评价,明确现状与目标差距。目标反馈包括两种类型:第一,信息方式。信息方式是告知员工任务完成情况以及存在的问题,不强调外在要求和限制,员工可以控制自身行为和活动,增强反馈接受者内控感,适合于创新型工作。第二,控制方式。控制方式是对反馈接受者强调组织要求和期望,明确告知其必须达到什么样的绩效标准和水平以及如何达到。控制方式使反馈接受者产生更高的外控感,限制其内在动机,这种方式对程序性工作更合适。

(4) 能力。目标难度取决于员工和目标之间的关系,相同难度的目标,对能力强的个体可能是简单的,对能力不足的个体则是困难的。能力影响个体目标设置,目标设置需要与员工能力相匹配。个人目标定向包括成就和学习两方面。学习导向的个体希望通过承担工作任务以获得新技能和完成工作的新方法,关注掌握和理解任务以及获得个人发展,会主动寻求具有挑战性的工作任务。成就导向的个体注重提升绩效以证明自身能力和业绩优于他人,关注与他人比较,获得对自身有利评价。目标设置理论如图2-1所示。

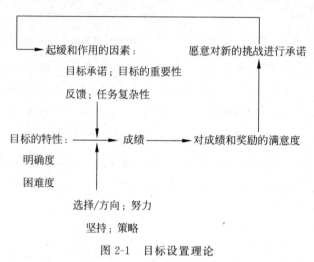

图2-1 目标设置理论

三、绩效计划的作用

凡事预则立,不预则废。计划是管理活动的重要职能,是管理者根据外部环境和内部条件分析,制订在未来一定时期的目标以及实现目标的策略。由于绩效计划涉及不同层面,因此,广义的绩效计划可以涵盖组织所有的计划职能。绩效计划的作用包括以下方面。

(1)保证组织目标的纵向一致性。通过绩效计划制订绩效目标,根据组织战略、关键成功因素以及组织目标,从上而下地传递组织目标、期望和要求,保证组织、团队和员工目标的纵向一致性,促进组织战略目标实现。

(2)保证管理者与下属对工作目标形成共同预期和承诺。管理者与下属通过协商和讨论达成目标共识,下属参与自身目标制订,可以提升其对绩效目标的承诺度和责任感。

(3)明确在目标实现过程中管理者与下属各自的责任和权利。明确管理者与下属的责任,可以促进目标实现。管理者通过绩效计划,向下属有效授权。明确目标完成的利益,有利于激励下属。

四、绩效计划的特点

绩效计划是上下级之间通过沟通,对工作目标和标准达成一致意见,并形成约定和承诺的管理过程。绩效计划具有以下特点。

（1）绩效计划主体是管理者与下属。无论采用自上而下或自下而上的方式，绩效计划均需要管理者与下属共同参与。管理者和下属需要对绩效计划形成一致的认可和承诺，在此过程中履行各自义务和责任。

（2）绩效计划是工作目标和绩效标准的契约。绩效计划是管理者和下属就工作目标与绩效标准等所形成的正式或非正式契约。绩效契约对工作目标、结果、期限、权重、资源和支持等进行了约定。下属是否履行绩效契约会影响管理者对其绩效评价等级，管理者是否履行绩效契约则会影响下属的上级支持感知。

（3）绩效计划是双向沟通过程。在计划沟通过程中，管理者侧重于目标解释和说明、工作职责和任务、能够提供的支持帮助等。下级侧重于对工作目标的认识和理解、准备如何完成工作、需要组织和上级提供的资源和支持等。通过双向沟通，最终达成一致，有利于提升员工目标承诺。

五、绩效计划的构成

绩效计划由绩效目标和任务策略两部分构成。根据目标设置理论，目标明确度和目标难度对绩效具有重要影响，绩效目标是工作需要达到的标准和要求，是绩效管理的起点，是绩效评价的依据，也是制定任务策略的基础。任务策略则是消除绩效理想状态和现实状态之间差距的有效策略，包括工作思路、工作流程和步骤、工作进度、资源支持和责任者等。

（一）绩效目标

1. 绩效愿景

绩效愿景是组织成员共同形成的、具有引导和激励作用的未来成功情境的意象描绘，是实现绩效目标给组织、团队和个人所带来收益的形象描绘。按照不同层次，绩效愿景涉及组织、部门和个体等层次。相较于绩效目标，绩效愿景更形象、更容易理解、更有激励性。传递绩效愿景是愿景型绩效管理的重要方法，绩效愿景会给下属工作赋予意义和价值，增强其自我效能感，具有更强的激励性，强化下属对任务和组织的认同感。

2. 绩效目标制订的原则

制订绩效目标需依据组织战略、年度经营计划、部门职责、流程职责、岗位职责、绩效差距等，以保证绩效计划与组织目标、工作职责和个人发展相一致。制订绩效目标需遵循SMART原则（表2-1）。

表 2-1 SMART 原则

原　则	正确做法	错误做法
具体的	切中目标 适度细化 随情境变化	抽象的 未经细化 复制其他情境中的指标
可度量的	数量化的 行为化的 数据或信息具有可得性	主观判断 非行为化描述 数据或信息无从获得
可实现的	在付出努力的情况下可以实现 在适度的时限内实现	过高或过低的目标 限期过长
相关性	绩效目标根据组织战略层层分解得到	与组织战略无关
时限性	使用时间单位 关注效率	不考虑时间性 模糊的时间概念

第一，具体的。绩效目标要明确描述员工需完成的具体任务，避免模糊不清。其包括：目标必须清晰具体，能够准确、根本地反映工作成果；对目标进行适度细化和分解，使其易于理解和执行，具有可操作性。

第二，可度量的。绩效目标应尽可能量化，如在工作数量、质量、时间、成本、他人评价等方面采用量化标准。其具体包括：在目标细化的基础上，针对易于量化的工作制定客观的量化标准，针对不易量化的工作则制定具体行为标准；考虑数据信息是否可获得以及获取成本。总的来说，是否选择量化评价，需考虑工作投入是体力的或是脑力的，工作转换是机械的或是有机的，工作结果是有形的或是创新的，体力的、机械的、有形的工作更适合量化评价；反之，则不适合。

第三，可实现的。侧重于目标难度和可行性，包括两方面含义：一是任务量和工作负荷适度、合理，是在上下级之间协商一致前提下，在员工可控制范围之内的任务目标。二是经过一定努力能够实现，具有适当的挑战性，过高或过低的目标都是不合适的，过高的工作目标会导致员工放弃努力，过低的工作目标则缺乏挑战性，难度适当的目标促进员工投入和付出。其具体包括：付出正常努力可以实现；在合理时限内实现目标；工作资源和条件能保证目标完成；目标根据情境变化而合理调整。

第四，相关性。首先，绩效目标与组织战略相关，包括三层含义：一是目标从上往下分解，不同层次目标保持一致性，避免组织目标无法落实的情况。二是绩效目标需与团队、个人的主要工作职责相联系。三是绩效目标应是中心目标，而不是边缘目标，即绩效目标重要性高时，对绩效的影响更显著。其次，评价指标和被考评者工作投入之间存在因果关系，被考评者的努力可以促进目标实现，否则将存在不公平的情况。

第五，时限性。其主要包括时间效率、工作效率、考核周期等。时间效率是工作成果与工作时限的比值，是工作效率的重要体现。时限过短会造成较大压力，时限过长则无法体现时间效率,模糊的时限标准则使员工无所适从。因此,需要通过充分沟通,为工作任务设置合理时限。

3. 绩效目标的类型

(1) 按照绩效主体层次,绩效目标可分为组织绩效目标、部门绩效目标、流程绩效目标和个人绩效目标。不能简单地认为整体绩效是个体绩效的加总,由于部门和岗位之间存在高度依赖性,低层次绩效需要通过系统协同才能保证高层次绩效,个体绩效不均衡也可能导致整体绩效低下。

(2) 按照目标量化程度,绩效目标可分为定量目标和定性目标。定量目标以结果为导向,表现为量化形式,更明确、客观、具体,适合成果易于量化的工作。定性目标则是根据员工的关键工作行为或工作事件制订的非量化目标,虽然未予量化,但同样具有具体性和可衡量性。

(3) 按照目标难度要求,绩效目标可分为基本目标和卓越目标。基本目标是组织期望员工达到的正常水平,判断员工是否达到基本要求以及合格水平。卓越目标具有挑战性,并非所有员工都能实现,需要付出更大努力,可用于识别绩优员工,以及制定具有激励性的人力资源管理政策。

(4) 按照绩效目标性质,绩效目标可分为数量目标、质量目标、时间目标、成本目标以及他人评价等,上述目标之间可能存在冲突和矛盾。例如,过于强调工作数量,则无法保证工作质量;过于强调工作质量,可能导致成本上升。管理者需平衡目标之间的关系,制定合理目标体系,以避免顾此失彼。

4. 绩效目标制订方式

绩效目标制订包括自定目标、指定目标和协商目标三种类型。在目标制订过程中,如果采取自定目标方式,采用自下而上的方式,下属往往倾向于设定难度较小的目标,虽然个人目标完成概率高,但无法保证组织目标。如果由上级指定目标,采用自上而下的方式,用目标控制员工,员工较少参与,则可能设定难度过高、不切实际的目标。总体而言,绩效目标制订应遵循"跳一跳,才够得着"原则,采用协商方式将现实性和挑战性两相结合。通过上下级充分沟通,既自上而下传达,也自下而上承诺,形成协商目标,对员工形成目标激励。

5. 绩效目标来源

绩效目标来源于战略目标、经营理念、部门与岗位职责、流程目标等。具体来说,绩效目标有以下来源:第一,公司战略目标。通过分解组织目标,制订部门目标,进而分解为个人目标,各层级形成目标承诺,保证员工个人努力与组织目标相一致。第二,部门和岗位职责。部门和岗位职责表明其在组织中的功能与作用,基于职责的绩效目标可以衡量员工职责履行情况。第三,内、外部客户需要。组织由不同的部门与岗位构成,相互之间存在分工协作。某部门(岗位)为其他部门(岗位)提供产品或服务,则其他部门就是内部客户。内、外部客户对产品和服务的满意度是衡量部门(岗位)绩效的重要标准,尤其是对重视客户权利的组织而言。第四,与竞争对手比较。竞争优势是相对于竞争对手而言的,通过标杆学习,对竞争对手或标杆企业的某些关键绩效指标进行赶超和学习,可以对照评价自身绩效。第五,历史数据。根据绩效目标的历史数据,结合现实情况,确定和调整未来周期的绩效目标,这是比较常见的做法。第六,科学测定。针对某些操作性工作,需要结合方法研究和时间研究等确定绩效目标。

(二)任务策略

任务策略又称行动方案,是消除理想状态和现实状态之间差距的策略,是实现绩效目标的具体方法,包括以下几方面。

(1) 工作思路。工作思路是对如何有效完成绩效目标所进行的整体策略性思考,明确任务策略的方向和原则。

(2) 工作流程和步骤。工作流程和步骤是为完成绩效目标需进行的一系列工作活动及其先后顺序,各阶段需根据阶段性成果设置评价和决策环节。

(3) 工作进度。工作进度是与工作步骤相关的时间计划安排,以保证绩效目标在时限之内完成。

(4) 资源支持。资源支持是与实现绩效目标相关的人力、财务、物质、信息等资源准备和支持情况,包括上级授权、支持和帮助、工作协作等。

(5) 责任者。其包括工作职责具体承担者、过错和风险责任负责者以及上下级的职责与分工等。

总的来说,任务策略体现了执行措施的具体保障,回答了"如何做"的问题。

六、绩效计划的步骤和程序

(一)准备阶段

第一步:组织内、外部信息收集和分析。环境信息包括政治、经济、技术、文化、行业等方面的决策信息,内部信息包括公司战略、年度经营计划、组织结构、组织文化和价值观等。通过信息收集和分析,明确组织对部门和个人的期望和要求,保证部门和个体绩效目标与组织目标的纵向一致性。

第二步:进行工作分析。明确部门和岗位职责,既根据职责确定目标,也根据目标调整职责。此外,确定岗位任职资格和素质模型,明确对个体或团队的知识、能力和经验的要求。任职资格匹配度影响绩效目标的设定。

(二)制订阶段

第一步:设定绩效目标。通过传统方式或参与方式制订绩效目标,绩效目标可采用定量或定性的方式,或两者相结合。其具体做法包括三种:第一,由管理者拟订目标,与员工讨论协商,获得员工认可。第二,由员工拟订目标,再由管理者进行修订和调整,并达成一致。第三,管理者和员工各自拟订目标,然后进行比较、协商和调整。

第二步:制定任务策略和行动方案。制定明确的、有效的任务策略是实现绩效计划的重要保障。任务策略中既包括程序性工作,也包括完成目标的关键策略。程序性工作有既定的规则和程序作为依据,关键策略则具有创新性、变革性、突破性,是需要重点关注和保障的方面,两者共同促进绩效目标实现。此外,还需要明确完成目标所需要的各种协作和资源。

(三)确认阶段

第一步:达成共识。确认个体(团队)目标与组织目标紧密联系,具有纵向一致性。管理者和下属对工作任务、绩效目标、任务重要性、工作中遇到的障碍和困难、管理者需提供的支持和帮助、完成目标获得的奖励等达成共识。

第二步:绩效契约。管理者与下属形成正式或非正式的绩效契约,形成对绩效目标的共同承诺和约定。绩效契约通常以目标任务书的形式出现,在双方确认后,可以在绩效周期结束时作为依据对绩效状况进行评价。绩效契约包括职位关键职责描述、绩效考核指标、绩效标准、权重、奖励规定、评价方式等内容。

第二节 绩 效 辅 导

一、绩效辅导的定义

绩效辅导是管理者为帮助下属完成绩效计划,与其共同工作,通过充分沟通,分享工作进展情况以及存在的障碍和困难,寻找解决问题的措施,并主动为下属提供指导、支持、监督、纠偏以及鼓励等帮助行为的管理过程。绩效目标能否实现,绩效辅导具有不可替代的作用,绩效辅导是联系绩效计划和绩效评价的中间环节,是落实绩效计划的关键环节,为绩效评价提供决策信息。绩效辅导建立在监督和控制的基础之上,是在共同工作过程中,管理者向下属提供的支持和帮助行为。绩效辅导是管理者的义务和责任,员工也有权利获得绩效辅导,绩效辅导帮助下属清晰地了解和认知绩效目标,解决工作中潜在或显在的偏差和问题,提升下属工作能力,帮助下属改进绩效。

二、绩效辅导的作用

绩效影响因素包括员工能力、工作态度和工作环境等,绩效辅导则包括指导、激励和支持等,三者分别对应不同的绩效影响因素。其中,指导功能侧重于能力培养,激励功能侧重于态度改善，支持功能则涉及工作环境和工作机会。其作用体现在以下方面。

第一，指导功能。通过绩效辅导，加强对下属工作的事前、事中和事后控制，减少绩效偏差。管理者是员工培训的重要主体，通过指导行为向下属分享完成工作所需的知识和经验，可以提升下属工作能力，因此，指导行为具有培养作用。此外，指导行为可以分担下属的责任风险，降低员工心理压力。

第二，信息收集功能。在绩效辅导过程中，通过各种正式或非正式的沟通方式，帮助管理者掌握下属的工作情况和绩效信息，在辅导过程中收集绩效数据，形成以客观数据和事实为主的员工绩效记录，作为绩效评价和相关人事决策的重要依据。

第三，人员培训（养）功能。通过绩效辅导，下属进行观察学习或榜样学习，可以提升其工作成熟度，有利于构建人才梯队。在绩效管理中，管理者和员工为实现共同的绩效目标而努力，双方是利益共同体。因此，管理者需将帮助员工成长作为自身义务，而不是将绩效评价作为惩罚工具。

第四，监督控制功能。通过绩效辅导监控，了解员工在能力、态度、结果、策略等方面存在的偏差，并及时纠正。此外，管理者可以发现员工存在的怠工行为、工作差错、工作错误（违规）以及反生产行为等，并及时纠正。

第五，激励功能。绩效辅导体现了组织和管理者对下属的支持，具有激励功能。绩效辅导发挥效用的前提，在于管理者与员工之间的信任，通过绩效辅导可以加强上下级联系，改善领导－成员关系，提升下属的内部人认知。此外，在辅导过程中，通过制度性或非制度性激励措施强化下属工作动机。

第六，沟通联系功能。缺少绩效辅导环节的绩效管理，会降低员工的组织支持感知和领导支持感知，影响员工对绩效计划、绩效评价的接受程度。尤其是在权力距离较大以及集体主义文化环境中，下属对绩效辅导有更多需求，需要管理者调整自身领导方式。

三、绩效辅导的内容

绩效辅导是绩效计划与绩效评价之间的重要环节，尤其在工作复杂、重要以及下属工作成熟度低的情况下，绩效辅导更是不可或缺。其内容包括以下方面。

第一，监控过程。根据绩效计划，通过各种正式或非正式沟通方式，对下属的工作过程和结果等进行监督控制。管理者不仅需要从上级角度了解下属绩效状况，也要了解其他维度如何评价下属绩效，并理解不同维度存在差异的原因。

第二，发现和诊断问题。在绩效辅导中，员工可能采取合作策略或不合作策略。合作策略是指员工愿意主动表现出实际工作绩效，以及提供真实的绩效信息，上级据此作出客观评价。不合作策略则是员工采取消极印象管理行为，有意识地掩盖自身错误、推卸工作责任或抬高自身工作绩效，以获得对自身有利的评价结果。如果下属采取不合作策略，将提升信息成本，不利于发现问题。解决上述问题，需要营造开放包容的管理氛围，支持有关工作差错的沟通,在发现差错后及时提供指导和帮助。此外,深入分析绩效差距原因,包括个体因素和环境因素等,在此基础上,制定有针对性的改进策略。

第三,寻找对策。根据目标设置理论,绩效反馈对纠正绩效偏差具有重要作用,因此,当发现绩效差距时,管理者需要提供准确、及时的反馈信息,帮助下属认识到其存在的问题。与此同时,需要进行原因分析,在此基础上帮助下属制定相应对策。根据领导情境理论,如果下属工作成熟度高,可以鼓励下属制定对策,上级提供辅助和支持。如果下属成熟度低,则由上级制定对策和提供指导,由下属具体执行。

第四,提供支持和帮助。在绩效实施过程中,员工将遇到各种阻碍和挑战,在工作经验、工作资源等方面均难以应对。在这种情况下,管理者需主动提供支持和帮助,解决下属在权限、技术、信息、经验、方法等方面的不足和困难。与此同时,管理者通过直接指导、知识分享、提供培训等方式,对下属进行能力辅导,提供必要的资源支持和智力支持。

四、绩效辅导的原则

绩效辅导是领导力的重要体现,管理者借助自身正式或非正式权威影响下属,并结合具体管理情境调整绩效辅导方式。绩效辅导需遵循以下原则。

第一,权变授权原则。授权是指上级赋予下级一定的权力和责任,使下级在上级监督下具有相当的决策自主权。决定授权的因素包括组织文化、组织结构、组织规模、管理幅度、任务和决策重要性、任务复杂性、下属成熟度等,根据上述因素决定采取紧密或自主的绩效辅导方式。

第二,公平原则。对下属的支持以及机会提供应保持公平性和一致性。实行差序式领导对"圈内人"和"圈外人"按照关系质量区别对待,在与"圈内人"建立高质量的领导-成员交换关系的同时,也可能损伤"圈外人"的工作积极性。

第三,培养原则。过于频繁、具体的绩效辅导会导致下属形成等待指令的惯性思维,导致其缺乏主动性。应通过绩效辅导,鼓励下属发挥创造性思维,主动搜索任务策略,独立解决问题。在此过程中,管理者提供辅助性建议和帮助,既不能大包大揽,也不能当"甩手掌柜"。

第四,个性对待原则。下属在个体需求、个性心理特征、人格特质等方面存在差异,需要提供有针对性、个性化的绩效辅导。在个体需求方面,较高自主需求的下属不需要上级提供过多辅导;反之,则倾向于听从指令。在个性心理特征方面,高成熟度的下属更希望获得支持,低成熟度的下属更希望获得指导。在人格特质方面,高责任性的下属具有自发性,不需要过多辅导;反之,则需要更多监督控制。

第五,常态化和制度化原则。绩效辅导应避免流于形式,建立长效绩效辅导机制,将绩效辅导制度化、流程化,明确管理者绩效辅导责任,将绩效辅导作为管理绩效的重要部分。下属则应以积极、主动、合作的态度接受绩效辅导,不断进行自我分析和总结。

五、绩效辅导的方法和类型

绩效辅导是对工作过程的监督,常出现在以下管理情境:下属遇到工作障碍,征询管理者意见和建议时;下属通过培训掌握新技能,并运用到实际工作时;管理者诊断组织或个体绩效问题,发现绩效改进机会时。绩效辅导具有以下类型。

(一)按照绩效辅导方式划分

第一,指示型绩效辅导。对于能力较差、态度较好的员工,辅导过程侧重于指导和培训,给予具体的方法和技能指导,监督任务完成情况,向员工提供更多培训发展机会。

第二,整体型绩效辅导。对于能力较强、态度较好的员工,管理者可以加强授权,侧重于整体性辅导,发挥下属创造性。

第三,激励型绩效辅导。对于能力较强、态度较差的员工,辅导侧重于激励,通过有效的激励方式,建立公平管理氛围,改善员工工作态度。

第四,淘汰型绩效辅导。对工作能力和工作态度均较差的员工,如果无法改善,辅导应侧重于甄选、筛选和淘汰。

(二)按照绩效辅导内容划分

绩效由任务绩效、关系绩效和适应性绩效构成,因此,绩效辅导可以分为:第一,任务绩效辅导。任务绩效是组织正式定义的工作职责。任务绩效辅导是建立在职责任务基础上的绩效辅导模式,管理者向下属下达任务,帮助员工在时限内完成目标。任务绩效辅导是管理者对下属的义务,有利于提高下属责任感,帮助员工履行工作职责。第二,关系绩效辅导。关系绩效主要包括人际改善和工作奉献两方面。与任务绩效辅导相比较,关系绩效辅导侧重建立组织、团队和个人之间协作关系和机制,加强管理者和下属之间、员工之间的情感联系与交换,营造良好的组织心理和人文背景。此外,关系绩效辅导还包括:建立良好的组织文化,改善组织氛围,建立合理的激励机制,提升员工奉献度和投入度。第三,适应性绩效辅导。在组织变革中,管理者帮助员工完成技能迁移,适应新的工作任务和工作环境。在遇到突发性、紧急性的工作任务时,帮助员工迅速、有效应对,降低风险和损失。与任务绩效辅导和关系绩效辅导不同,适应性绩效辅导需要具有更多的前瞻性和主动性。

(三)按照绩效辅导目的划分

管理者在领导方式上存在差异,员工则具有不同能力、特质。因此,针对不同下属,在辅导目标上存在差异,包括:第一,指导型绩效辅导。指导型绩效辅导倾向于以指导方式提高下属绩效,指导型管理者以结果为导向,设定清晰明确的目标,详细说明任务的步骤方法,加强对下属的监督和评价,积极运用奖惩手段。此外,预测工作行为的结果,避免下属犯错和出现偏差。第二,促进型绩效辅导。促进型绩效辅导强调发展性和促进性,关注学习和发展,而不仅是关注工作结果。在辅导过程中,管理者充分授权,给予员工较大自主性,通过聆听、提问、头脑风暴、挑战和重新思考等方式帮助下属提高绩效。由员工自主确定实现目标的工作方法。管理者通过绩效反馈,指出下属的不足和缺陷。促进型绩效辅导鼓励下属从错误中学习,帮助下属成长发展。

(四)按照员工成熟度阶段划分

员工成熟度包括工作成熟度和心理成熟度两方面。工作成熟度是指员工掌握工作技能和知识,无须他人指导,独立完成工作。心理成熟度是指工作动机和意愿,员工自觉完成工作,无须外部激励。按照工作成熟度和心理成熟度的不同,可以形成四种组合,分别是:低工作成熟度、低心理成熟度;低工作成熟度、高心理成熟度;高工作成熟度、低心理成熟度;高工作成熟度、高心理成熟度。

根据领导生命周期理论,领导有效性是领导者、被领导者和环境三者的函数,辅导风格需适应下属成熟度,权变调整以保证匹配性。有效的辅导应将指导行为和支持行为与下属成熟度结合,其中,指导行为针对工作和目标,支持行为侧重改善员工态度。绩效辅导方式包括:指令型,高指导性—低支持性;辅导型,高指导性—高支持性;激励型,低指导性—高支持性;授权型,低指导性—低支持性。

第一,指令型(高工作,低关系)。指令型适用下属低工作成熟度和低心理成熟度情况。一般而言,此类下属多是绩劣员工,管理者需加强对下属的指导,包括计划、监督、评价和反馈等。与此同时,由于员工心理成熟度较低,因此,领导-成员交换关系质量较差,表现出低支持性。

第二,辅导型(高工作,高关系)。辅导型适用于下属低工作成熟度和高心理成熟度情况。低工作成熟度说明员工缺乏工作能力和经验,此类下属多是新进员工,需要管理者提供指导和帮助。由于员工心理成熟度较高、工作动机较强,管理者与下属保持良好关系,表现出高支持性。

第三,激励型(低工作,高关系)。激励型适用于下属高工作成熟度和低心理成熟度情况。此类员工工作能力较强,具有独立工作能力,但工作动机弱,因此,管理者不需要提供过多工作指导,应分析影响其工作动机的原因,制订相应激励措施。

第四,授权型(低工作,低关系)。授权型适用于下属高工作成熟度和高心理成熟度的情况。管理者通过授权,由下属自主完成工作。此类员工多是受到内在动机激励的绩优员工,需要给予更多晋升发展空间。

六、绩效辅导沟通

绩效辅导沟通,又称绩效控制沟通,是管理者根据绩效计划,对员工工作进行检查、督促,并提出改进建议的管理沟通活动。在辅导阶段,沟通目的包括两方面:第一,下属汇报工作进展或就工作障碍向上级寻求帮助。第二,管理者及时纠正下属绩效偏差。

（一）绩效辅导沟通原则

绩效沟通并不是考核周期结束后的程序性工作，而是贯穿整个绩效管理过程，但在不同阶段，沟通目标、内容有所不同。绩效辅导沟通原则包括以下几种。

第一，对事不对人。绩效辅导沟通应具有建设性，沟通过程中要避免针对下属个人特征过多地批评和指责，避免人身攻击和辱虐管理，侧重于客观分析绩效差距以及存在的问题，共同制定解决策略。

第二，责任导向。过于严格的绩效压力和差错责任，会导致员工出现隐瞒事实、推卸责任和投机行为等。因此，管理者需营造适度的包容和容错氛围，保持适当的差错压力，鼓励员工就差错进行讨论和沟通，引导员工认识责任，使其通过自省和反思不断改进。

第三，事实导向。绩效辅导沟通应建立在事实和数据基础上，保持客观、公正，避免感情用事。在绩效周期内，管理者需注重收集、整理和分析绩效记录与证据，为绩效辅导沟通提供客观依据。

第四，建设性。建设性沟通是一种不损害人际关系，同时有利于问题解决的管理沟通方式，包括清晰的问题解决目标、传递正确的沟通信息、积极和谐的人际关系等方面。

（二）绩效辅导沟通方式

绩效辅导沟通包括正式沟通和非正式沟通两种方式。正式沟通包括书面报告、工作日志、例行会议和正式面谈等，优点在于具有较强的结构性和规范性，有利于系统、全面地掌握信息。缺点在于沟通效率较低，部分敏感信息不便于正式沟通。非正式沟通形式多样，如走动式管理、开放式办公、非正式面谈、工作观察等，不受时间、空间的限制，沟通效率高，但难以充分保证信息的全面性和真实性。不论采取何种沟通方式，管理者均需对沟通内容、策略、步骤、可能发生的问题与应对措施等进行事先规划，以保证沟通效果。绩效辅导沟通信息来源于工作观察、内外部客户评价和反馈、工作记录和统计数据、下属反馈等。

绩效辅导沟通是针对关键控制点、绩效问题及行为偏差等进行预防和纠正，主要内容包括：下属工作进展如何？实现目标的方法是否正确？员工是否在有利于实现目标和绩效标准的过程中？如果存在偏差，应采取哪些纠正措施？员工在实现目标过程中遇到了哪些障碍和困难？员工需要得到哪些支持和帮助？员工在知识、技能和能力方面存在哪些不足？通过绩效辅导沟通，降低管理者与下属之间的信息不对称，扩大共同信息区域。

七、绩效辅导的步骤与程序

在绩效辅导过程中，管理者同时扮演专家、教练、激励者、服务者、监督者等不同角色。

第一，设定绩效目标。绩效目标包括长期目标和短期目标、结果目标和过程目标。绩效目标制订原则包括：SMART原则，包括具体的、可衡量的、可实现的、相关性、时限性；

PURE原则,包括正向论述的(positively stated)、能被理解的(understood)、相关的(relevant)、道德的(ethical);CLEAR原则,包括挑战的(challenging)、合法的(legal)、环保的(environmentally sound)、适宜的(appropriate)、可被记录的(recorded)。

第二,绩效辅导沟通。绩效辅导沟通是扩大管理者与下属的共同区域,其中,管理者向下属提供指导和分享经验,收集关键控制点的绩效状况,下属则向上级汇报工作进展、工作障碍等。双方形成的共同区域越大,则绩效辅导沟通效果越好。

第三,绩效诊断和偏差纠正。根据绩效辅导沟通获得的绩效信息,分析目标与现实的差距及原因。一般而言,原因分析包括个人因素和环境因素两方面,个人因素包括知识和技能、潜能、动机等,环境因素包括信息、资源、激励等。在许多情况下,个人因素和环境因素难以分离,经常共同产生作用。在此基础上,管理者应与下属共同纠正绩效偏差,将绩效偏差消除在初始阶段,进行事前控制和事中控制。管理者与下属共同运用5W2H原则(即why,what,when,who,where,how,how much)制订绩效偏差纠正计划。

第四,绩效偏差纠正效果评价。分析目标实现过程中的绩效偏差是否得以消除。如果得以消除,需要推广和巩固成功做法。如果未得以消除,则需要重新对绩效偏差纠正方法进行再评价,进行偏差纠正的再纠正,直至消除偏差。

即 测 即 练

第三章

绩效考核与绩效改进

本章学习目标
 1. 绩效评价定义、类型、维度、流程及步骤;
 2. 绩效评价主要方法、评价误差控制;
 3. 绩效改进定义、原则、步骤程序及主要理论。

海底捞不考核利润,那考核什么

　　海底捞对分店店长考核中没有利润指标。不仅没有利润指标,销售额、成本等其他指标也统统没有。海底捞针对店长的考核指标只有三个,分别是员工满意度、顾客满意度、干部培养,而且考核方式看起来也不专业,甚至不采用定量方式,完全依靠主观判断,即通过区域经理在店面的巡视和观察,对员工工作状态、顾客满意度进行评价。为什么要这么做?看看公司董事长是怎么说的。

　　张勇(海底捞创始人、董事长):考核利润没用。利润只是做事的结果,事做不好,利润不可能高;事做好了,利润不可能低。另外,利润是很多部门工作的综合结果;每个部门的作用不一样,很难合理地分清楚。不仅如此,利润还有偶然因素,比如,一个店如果选址不好,不论店长和员工怎么努力,也做不过一个管理一般、位置好的店。可是店长和员工对选址根本没有发言权,你硬要考核分店利润,不仅不科学,也不合理。因为选址、装修、菜式、定价和人员工资这些成本大头,都由总部定完了,分店对利润和成本的控制空间不大。如果你非要考核利润,基层员工的注意力只能放在这些芝麻上。我们及时发现了这个现象,马上就停止利润指标的考核。其实稍有商业常识的干部和员工,不会不关心成本和利润。你不考核,仅仅是核算,大家都已经很关注了;你再考核,关注必然会过度。我们不仅不考核各店的利润,我们也不考核营业额和餐饮业经常用的一些KPI,比如单客消费额等。因为这些指标也是结果性指标。如果管理者非要等这些结果出来才知道生意好坏,那黄花菜不早就凉了。这就等于治理江河污染,你不治污染源,总在下游搞什么检测、过滤、除污泥,有什么用?

　　资料来源:黄铁鹰.海底捞,你学不会[M].北京:中信出版社,2011.

第一节 绩效考核

一、绩效评价的定义

绩效定义存在许多种类,因此,基于不同绩效定义,绩效评价内涵也存在差异。常见的绩效考核定义包括:①绩效评价是根据职位说明书和胜任素质模型等,对员工工作行为、能力和结果进行客观评价的管理活动。②绩效考核是将目标和结果进行比较的客观评价活动。绩效评价在人力资源管理价值链中涉及价值评价环节,公正的价值评价既是对员工价值创造的衡量,也是价值分配的基础。通过绩效考核实现以下目标。

第一,正确引导员工行为。个体注意力资源是有限的,通过考核指标和绩效标准引导员工注意力资源,帮助员工产生组织需要的工作结果和行为。

第二,监测企业经营情况。准确、完整、及时的绩效信息是绩效考评的基础,通过收集、整理、分析和评价绩效信息,帮助管理者准确了解企业经营状况和员工工作状态。

第三,为激励员工提供依据。将价值评价和价值分配相联系,为绩效奖励计划、员工晋升、人员配置等管理活动提供决策依据,同时保证激励体系的公平性和竞争性。

第四,改善组织(个体)绩效。评价只是管理方法和手段,而并非最终目的,最终目的是绩效改进。通过绩效分析、反馈和制订绩效改进计划,可以持续提升组织(个体)绩效水平。

第五,检验人员招聘、培训、配置的效果。根据评价结果,可以评价招聘和甄选活动的预测效度。此外,根据培训前后的员工绩效是否产生显著变化,可以对培训效果进行评价。根据员工绩效评价,分析员工能岗匹配程度,更好地进行人员配置。

二、绩效考核的类型

绩效考核目的包括四个方面:第一,管理目的。将绩效考核作为人事决策依据,如晋升、转岗、调薪和解聘等,以保证客观性和公平性。第二,信息目的。向员工反馈绩效评价结果,帮助员工对自身绩效形成正确认知,促进其提升和改进。向员工传达组织期望和要求,员工为了获得更好的评价结果,会调整自身工作结果和行为。第三,激励目的。目标本身具有激励作用,通过绩效考核可以激发员工工作潜能,改善工作态度。此外,与考核相联系的激励体系也具有促进作用。第四,发展目的。绩效考核具有发现、分析和诊断作用,通过绩效评价,促进员工绩效提升和改进。

绩效考核目的包括组织期望和员工感知两个层次,前者是组织推行绩效考核的目的以及希望绩效考核发挥的作用,后者则是员工对管理部门评估目的主观感知。如果组织期望和员工感知一致,可以极大提升绩效考核的引导作用;反之,将影响评价作用。总的来说,绩效评价具有管理属性和发展属性，不同类型的绩效考核对员工感知和行为的影响存在差异。其具体包括以下两种。

第一，评估型绩效考核。评估型绩效考核侧重对员工以往绩效评价，通过回顾员工在特定绩效周期历史表现，与预先设定的绩效目标或其他员工绩效进行比较，将考核结果与人事决策相联系。评估型绩效考核重视计划和评价环节，缺乏沟通、反馈和改进等环节，属于事后控制的评价方式以及外部控制的管理方式。由于评价结果与员工切身利益相关，容易引起员工紧张和焦虑情绪，进而引发某些负面心理反应，如反抗、拒绝、减少知识分享、增加竞争行为、减少人际关系互动等。

第二，发展型绩效考核。发展型绩效考核侧重于员工未来绩效提升和职业生涯发展，旨在帮助员工分析潜在不足以及制定改进策略。发展型绩效考核将评价作为工具和手段，而不是目的，更多地与职业生涯发展、绩效改进、培训需求分析等相联系，侧重员工的未来发展，改变员工对绩效考核目的的主观认知，正面影响员工态度行为，如加强团队内部信息和知识分享、组织公民行为、前瞻行为和创新行为等。此外，发展型绩效考核通过满足员工自主需求和胜任需求，可以增强员工内部动机，由此影响工作绩效。

三、绩效评价的流程和步骤

（一）绩效评价准备

1. 制订绩效评价计划

根据组织战略和目标以及部门、流程和岗位职责，制订绩效考核计划，包括确定考核目的、考核主体、考核对象、考核体系、考核方法、考核周期等。

2. 设计绩效考核体系

绩效评价体系是具体的绩效度量工具，管理者可以将员工实际绩效与度量尺度进行比较，从而获得评价结果。绩效评价体系包括考核指标、指标权重、绩效标准和考核尺度等。

（二）绩效评价实施

绩效评价实施是对员工的工作绩效进行记录、测量和评价的过程。其具体包括：就绩效考核目的、内容和考核方法与被评价者进行沟通；对考评者进行培训，统一考核标准和尺度，使考评者熟练掌握考评工具，尽量减少主观误差；收集、统计和整理绩效数据信息，根据绩效考评体系，对被评价者绩效进行考核；统计、分析和审核评价结果，报上级主管或人力资源部门审核。

(三)评价结果分析和评定

首先,分析评价结果的客观公正性,避免各种主、客观因素导致的误差。给予被评价者绩效反馈,被评价者如果对考核结果存在质疑,提供申诉机会。其次,开展绩效反馈面谈,反馈面谈是绩效考核的重要环节,可以采取正式或非正式的方式,让被考核者了解自身表现与组织期望之间的符合程度。反馈面谈目的是帮助下属发现、分析和解决问题,提升下属能力和绩效。反馈面谈应具有建设性,避免下属产生敌意,相关改进建议需切实可行,由下属作出接受或放弃的判断,不能强加于人。管理者评价绩效改进的成效,并成为下一个绩效管理周期的起点,形成循环往复的螺旋上升过程。

(四)考核结果运用

考核结果运用与考核目的存在密切关系,包括:第一,评价结果作为人力资源管理决策依据。如绩效工资将员工基本薪酬增长与考核结果相联系,另外,在长期激励计划中,会根据评价结果决定激励水平。第二,评价结果作为员工发展的依据。员工绩效差距是培训需求分析的重要构成。通过考核分析员工能力以及存在的差距,作为培训需求分析的参考。通过绩效反馈,帮助员工理解公司战略和目标,了解组织对个体期望,保证个体与组织目标一致。

四、绩效考核体系构成

绩效考核是人事测评的重要组成部分,需要使用具有较高信度、效度的评价工具,因此,绩效考核体系对绩效评价的客观性、公平性、有效性等具有重要作用。

(一)评价指标

评价指标是指从哪些方面对被评价者的工作绩效进行衡量和考核,解决"评估什么"的问题。评价指标包括能力指标、行为指标和结果指标等。其中,选择能力指标和行为指标要考虑能力和行为是否可以转化为结果,能够转化的指标才具有评价意义。结果指标包括数量、质量、时间、成本和他人评价等。评价指标具有以下特征。

第一,战略相关。评价指标应根据组织战略和目标,从宏观到微观进行逐步分解。

第二,职责相关。为保证内容效度,评价指标应与部门、流程和岗位职责密切相关,能够反映职责完成情况。

第三,内涵清晰。需对评价指标进行明确、清晰的定义,以避免评价者产生认知差异,从而导致评价误差。

第四,相互独立。避免指标间存在交叉和重叠情况,各指标从内涵上具有独立性,否则会出现重复评价的问题,从而引发不公平。

第五,数量适当。过多评价指标会分散被评价者注意力、加大评价者信息获取成本,导致评价者难以掌握。因此,需要用尽量少的指标衡量尽量多的工作。

第六,定量和定性相结合。定量指标比较精确、客观,易衡量,但也要避免为量化而量化的问题,量化指标应能反映工作绩效本质。定性指标适用于那些无法或难以量化的工作,较为模糊和主观,需要进行细化和明确,并制定相应的工作或行为标准。

(二) 考核权重

考核权重是考核指标的相对重要性程度以及所占比重的量化值。评价权重有利于下属明确哪些是重点目标,引导下属资源分配,保证重要工作或目标的优先性。

确定考核权重需要根据组织发展阶段、组织文化、考核目的、测评主体和测评对象特征等。第一,在组织成长阶段,侧重于业务成长,结果指标占有较高权重。在组织进入稳定阶段,需要通过变革获得可持续的竞争优势,对员工能力、素质评价逐渐增加权重。第二,企业文化影响权重,反过来说,权重也会强化企业文化。组织为了强化组织价值观,会加大某些符合组织价值观工作行为的权重。强调执行的组织,会加大工作结果评价权重。强调创新的组织,会加大工作能力以及创新行为评价权重。第三,如果考核目的是为薪酬决策提供依据,则结果权重较高;如果是为人员晋升或配置,则能力和行为权重较高。第四,不同测评主体对不同指标具有不同权重,如管理者对下属的目标完成情况、工作态度评价权重较高,同级则对工作协作评价权重较高。第五,不同被评价对象的指标权重也存在差异,如评价高层管理者主要评价其工作结果,对于程序性工作的员工,则不仅要评价其工作结果,也要评价其工作行为是否遵守规范。

确定指标权重包括定性方法和定量方法两种类型。其中,定性方法包括管理人员主观经验法、德尔菲法、深度访谈等。定量方法包括权重因素判断法、层次分析法、因子分析法等。通常的做法是将定性和定量两种方法结合。

(三) 考核尺度

考核尺度是反映评价指标不同绩效等级的量尺,包括数字式尺度、等级式尺度、定义式尺度等类型。其中,数字式尺度用数字表示不同绩效等级,含义较为模糊,不易于操作。等级式尺度常见形式包括优、良、中、较差、差,或者优秀、良好、称职、基本不称职、完全不称职等,由于评价者对尺度定义具有不同理解,因此,容易导致评价偏差。定义式尺度对评价指标的各绩效等级均有明确标准和具体说明,甚至采用量化衡量,能够有效提升评价的准确性和客观性,发挥行为引导和绩效反馈功能。总的来说,合理的考核尺度可有效避免趋中误差、严厉误差、随意误差等评价偏差,便于评价者评价,有利于被评价者接受评价结果。

(四) 绩效标准

绩效标准是用来评价员工绩效目标实现情况的客观、量化衡量标准,根据绩效标准,可以判断员工是否达到了组织期望和要求,更简单地说,绩效标准可以作为衡量员工绩效是否合格的依据。超出绩效标准的员工表现卓越,低于绩效标准的员工则未达到合格水平。绩效标准包括工作内容与职责、符合期望的增值产出、完成工作的时限要求、质量与数量要求等。在实际工作中,可以将工作视为"投入—转换—产出"过程,从工作数量、质量、时间、成本和他人评价等方面建立绩效标准。

五、绩效考核维度

选择绩效考核维度需考虑组织结构中的上下级之间服从关系和同级之间协作关系。首先,组织结构中存在着上下级关系,直接上级通常处于最佳位置观察员工绩效,绩效评价权也是管理者正式权威的重要组成。反言之,上下级评价关系并非单向的,下属也可以评价上级的领导能力和管理绩效。其次,业务流程中的上下游服务关系。任何部门和岗位均需面对内部或外部客户,是否能为内、外部客户提供满意甚至超出期望的协作和服务,需要纳入考核范围。考核维度包括以下方面。

(一)上级评价

上级评价是最传统、最常见的评价方式。相对于其他维度,上级评价权重较大,对评价结果影响大。上级评价侧重于任务完成情况、能力、态度和行为等。其优点在于:第一,上级处于最有利的评价位置和角度,对下属最为了解,是最合适的评价者。第二,上级评价有利于提升其领导力和正式权威,增强对下属的影响力。其缺点在于:第一,受个人偏好和价值观因素影响,上级可能会特别强调绩效的某些方面,而忽视其他方面。第二,可能受到组织政治、人情等因素影响,评价结果受到操纵。第三,如果权重过大,可能导致下属迎合上级意图,忽略其他维度。

(二)同级评价

同级评价对提升流程绩效、改善组织氛围等具有重要作用,评价内容侧重于工作协作、人际影响等。同级评价的有效性需具有前提条件,如果同事间存在较激烈的竞争关系,同级评价不适合作为人事决策依据。此外,为防止同级评价对人际关系产生不利影响,应注重保密性。其优点包括:第一,同事间了解彼此的工作能力和行为,能作出准确评价。第二,有助于预测被评价者未来能否在管理方面取得成功,同事评价在预测个体能否获得晋升方面较为准确。第三,来自同级的评价压力对团队协作具有促进作用,有利于关系绩效改善。第四,同级评价包括多元视角,更全面地评价个人价值。其缺点包括:第一,受人际关系因素影响较大,存在人际关系良好、绩效低下的情况。第二,存在共谋情况,同事间相互给予较高等级的评价,导致评价偏差。第三,管理者可能因为控制权和评价权受到削弱,对同级评价有所抵触。

（三）客户评价

服务业快速增长以及客户满意度对组织发展日益重要是将客户维度纳入评价体系的重要原因。服务具有生产和消费同时性，因此，客户能够在工作现场观察和评价员工绩效，是合适的评价主体。由于激烈的市场竞争，企业更加重视客户需求满足，客户权利逐渐凸显，加强客户评价成为许多企业的选择。客户评价适合以下两种情况：第一，直接为内、外部客户提供服务，与客户直接接触、关系密切的工作岗位，如客服、销售等。第二，组织希望通过收集信息来了解客户希望得到什么样的产品和服务，以及有强烈的改进产品服务质量的愿望。其优点在于：引导员工重视客户利益，改进服务质量，提升服务能力。其缺点在于：客户可能存在不公正行为，需要在服务失败原因分析的基础上作出评价。此外，过于强调客户评价，会对员工造成较大的工作压力。

（四）下级评价

下级评价有利于打破"官本位"和官僚主义，提升上级的管理绩效，促进领导力提升，也可以避免破坏性领导、辱虐领导等负面管理方式。下级评价侧重于上级的领导能力、管理风格、合理授权、支持行为、协调能力等。为了保证客观公正和避免报复，一般采用匿名方式。其优点在于：为管理者选拔和配置提供参考。此外，对上级权力形成一定程度的约束，有利于权力的规范运行。其缺点在于：赋予下级评价其上级的权力，可能会使管理者陷入困境，导致管理者更重视员工满意度而不是工作效率，更注重关系而不是工作。鉴于以上原因，下级评价更多用于管理人员领导力开发方面。

（五）自我评价

自我评价是个体对自身绩效的分析、反省和总结，只有个体对自身具有准确认知和评价，才可以从根本上改善提升。自我评价中存在员工对自身认知有主观偏差的可能性，也存在员工虽然对自身认知准确，但由于受到自我服务偏差和社会称许性等影响，故意推卸绩效责任，给予自身过高评价的现象。

自我评价往往高于上级评价和同事评价，这是因为个体存在将低绩效归咎于外部因素，以及将高绩效归结于内部因素的倾向，所以，自我评价容易出现偏差，管理者需要对评价时的分歧进行沟通，帮助员工形成准确的自我评价。另外，自我评价可为人事决策提供参考，也可用于员工发展和自我管理。

（六）360度评价

上述五方面构成360度评估，可从不同维度收集评价信息。360度评价属于发展型绩效评价。对个体而言，通过收集多维度的评价信息，帮助被考核对象全面认识自身绩效，为个人发展提供反馈信息。对组织而言，有利于发现和诊断绩效问题，促进组织变革和改进。

在进行360度评价时需注意：第一，管理者应该掌握不同维度对下属的评价信息，对下属绩效形成全面认识，作出准确评价。第二，不同维度评价结果可能存在差异，需分析评价结果差异原因，从差异原因中发现问题。第三，在权重方面，上级评价往往权重最大，其他维度所占权重相对较小，或者作为绩效改进依据。第四，由于自我服务偏差的存在，自我知觉容易出现误差，通过不同角度的信息反馈，帮助个体调整自我评价。

六、绩效评价周期

评价周期影响评价频率和间隔时间。从时间周期来看，分为年度、季度、月度或周等。此外，以项目或任务的工作方式，评价周期取决于项目或任务周期，在项目或任务结束后进行评价。总的来说，评价周期和频率需适当。评价频率太高、周期太短，会浪费员工时间和精力，对员工造成不必要的干扰，容易使员工产生心理负担。反过来说，评价频率太低、周期过长，则会降低绩效评价的引导作用，造成绩效反馈少而迟，不利于及时发现和纠正问题，不利于激励员工。

评价周期受到以下因素影响：第一，工作任务完成时间，如项目工作，尤其是项目周期较短的情况下，评价周期即为项目周期。第二，工作性质。针对知识型和创新型工作，对个体的能力、智力和素质要求较高，工作质量优先于工作数量，一般采用较长评价周期，以避免急功近利的倾向。操作性和程序性工作要求按照既定的规范与标准，保持较高的稳定性和一致性，绩效评价周期相对较短。第三，评价目的。如果绩效评价侧重于管理目的，评价周期相对较长。如果侧重于发展目的，则需要不断发现绩效问题，评价周期相对较短。

七、绩效考核方法

（一）绩效评价方法类型

按照不同标准，绩效评价有多种分类方法。如按照评价层次不同，绩效评价可以分为非系统考核方法和系统考核方法。非系统考核主要针对个体绩效，具体类型如表3-1所示。系统考核针对整个组织目标体系和组织绩效，包括目标管理法、平衡计分卡（BSC）、关键绩效指标、经济增加值（EVA）考核等。

表3-1 非系统考核方法分类

以业绩报告为基础	以员工比较为基础	关注员工行为及特征	以个人绩效合约为基础	以特殊事件为基础	全方位考核	其他绩效考核方法
自我报告 工作述职	简单排序 强制分布 配对排序 交替排序	行为锚评价 行为观察评价 图尺度评价	绩效合约	关键事件法	360度绩效评价	工作标准 自我考核 OKR评价

此外,按照评价标准不同,绩效评价可以分为主观评价和客观评价。其中,主观评价是管理者对员工绩效进行整体的、模糊的、笼统的评价,如以员工比较为基础的评价方法属于此类。客观评价则是将员工实际绩效与既定的、客观的行为标准或量化标准进行比较,如行为锚评价法、图尺度评价法等。

按照评价对象不同,绩效评价可以分为特质评价、行为评价和结果评价,其特点如表 3-2 所示。

表 3-2 特质评价、行为评价和结果评价的特点

项 目	特 质 评 价	行 为 评 价	结 果 评 价
适用范围	对未来的工作潜力作出预测	评价可以通过单一的方法或程序化的方式实现绩效标准或绩效目标的岗位	评价那些可以通过各种方法达到绩效标准或目标的岗位
不足	* 没有考虑情境因素,通常预测效度较低 * 不能有效区分实际工作绩效,员工易产生不公正感 * 将注意力集中在短期内难以改变的人的特质,不利于绩效改进	* 需要对那些同样能够达到目标的不同行为方式进行区分 * 当员工认为其工作重要性较小时缺乏意义	* 结果有时不完全受被评价对象的控制 * 容易诱使评价对象为了达到一定的结果而不择手段,使组织在获得短期利益的同时丧失长期利益

(二)行为导向的主观评价

1. 简单排序法

简单排序法是最简单易行的综合比较方法,由管理者根据员工工作的整体表现,按照绩效的优劣顺序进行排序。简单排序法适用于下属员工数量较少、管理幅度较小、管理者知情的情况。其优点是简单实用、简便易行、易于操作。其缺点是:第一,只能就一个或少数指标或标准排序,如销售利润率、合格品率等。第二,评价方法比较主观和笼统,误差较大。第三,评价结果不具有明确的反馈性,员工无从了解哪些方面需要改善。第四,当员工绩效水平相近或不存在显著差异时,较难进行区分和排序。

2. 交替排序法

交替排序法利用人们容易发现极端的认知特点,在所有员工中,首先挑选出绩效最好和最差的员工,将其作为第一名和最后一名,接着在剩下的员工中再挑选出绩效最好的和最差的,依此类推,直至所有被评价员工都被排序。交替排序是对简单排序的改进,评价结果更准确。

3. 配对比较法

将每位员工按照所有评价要素(工作能力、数量、质量等)与其他员工进行配对比较,根据比较结果进行排序。在具体比较中,采用"+"(好)和"-"(差)标明两位员工之间谁优或

谁劣。最后将每一位员工得到的"优"的次数相加,由此得出评价结果。由于配对比较次数是 $N\times(N-1)/2$,因此,一旦下属人数过多,配对比较次数就会大幅度增加,导致管理者需要收集大量绩效信息,评价工作量增加。配对比较法更符合认知规律,相较于简单排序法,评价结果更准确,具体如表3-3所示。

表3-3　配对比较法

就工作质量进行评价,李的评价等级最低					
员工	张	李	王	赵	钱
张	/	+	+	-	-
李	-	/	-	-	-
王	-	+	/	+	-
赵	+	+	-	/	+
钱	+	+	+	-	/

4. 强制分布法

强制分布法假定下属绩效呈现正态分布,按照比例将被评估者分布到各绩效等级中,如最好等级占10%,合格等级占80%,最差等级占10%。严格而言,强制分布法不是绩效评价方法,而是对绩效评价结果进行调整的方法。如果对末位员工实行淘汰机制,如解雇或调岗,即为末位淘汰法。

强制分布法的优点在于:第一,有效降低过严误差、过宽误差和趋中误差,更为客观、公正。第二,充分利用"鲶鱼效应",提高绩效压力,激发组织活力。其缺点包括:第一,由于绩效压力较大,有可能增加竞争行为、减少合作行为。第二,不同部门末位员工在横向上缺乏可比性,如在某些部门处于末位的员工,在其他部门有可能是中等绩效,容易形成不公平。第三,要严格区分末位员工和不合格员工的差别,两者并不等同,否则容易产生法律纠纷。

强制分布法的适用条件包括:第一,组织人力资源供给充足稳定,可以保证人员空缺岗位获得及时补充。第二,绩效主要取决于个体能力和努力,而非团队协作。第三,考评指标受外在因素影响较小,受内在因素影响较大。第四,工作性质需要高度创新,如果员工知识和能力出现过时和老化,通过强制分布法或末位淘汰法保持创新活力。第五,员工绩效相互独立,服从于正态分布。

(三)行为导向的客观评价

1. 图尺度评价

图尺度评价法运用较广泛,要求评价者就各项考核指标,根据绩效标准和考核尺度,对照员工实际绩效表现进行评价,在此基础上,结合考核指标权重,汇总评价分值和确定评价等级。常见评定等级分为好、较好、平均、较差、差等。图尺度评价法包括考核指标、绩效标准、指标权重、考核尺度等构成要素。图尺度评价法的优点是:第一,客观性较强,避免主观随意性。第二，全面评价绩效的不同构成要素。其缺点是：评价工具设计较困难，操作较烦琐。

图尺度评价法需要注意以下问题：第一，考核指标应能全面、有效地反映绩效，尤其是在量化考核的情况下。第二，平衡考核指标之间的关系。如成本与质量、数量与质量、质量与时间等指标之间可能存在冲突，需要基于 SMART 原则制定切合实际的绩效标准。第三，考核指标需进行细化、量化或行为化。笼统的考核指标缺乏可操作性，需要在分解的基础上，制定具体的、明确的指标体系。第四，考评指标不宜过多，以避免信息成本过高。第五，数据可获取。绩效数据可以通过观察、调查、统计等方式获得，具有较高的可信度和完整度，信息获取成本较低。

2. 关键事件法

关键事件法由伯恩斯（Baras）在 1954 年最早提出，是由管理者通过记录、分析和评价工作中关键事件，并将它们作为绩效评价的事实依据的绩效考核方法。有效的工作行为导致成功，无效的工作行为导致失败，这些有效或无效的工作行为称为关键事件，关键事件具有客观性、典型性、代表性、价值性等特点，对工作结果具有决定性影响，决定工作的成功或失败、盈利或亏损、高效或低效、满意或不满意，可以作为绩效评价的依据。关键事件对组织、部门和个人绩效有重要影响，对组织形象有重大正面或负面影响，具有较强的典型性，可以反映员工能力、态度等存在的问题。在考核过程中，需要记录和描述关键事件，其内容包括：事件发生的原因和背景；事件要达到的目标；员工特别有效或无效的行为；关键事件及行为后果；员工自己能否支配或控制上述后果。

关键事件法的优点是：第一，根据客观事实作出评价，有效避免考评近期化误差。第二，具有较好的反馈功能，既有利于奖优罚劣，也有利于绩效改进，既具有管理作用，也具有发展作用。第三，具有绩效记录作用，为绩效评价提供事实依据，员工更易于接受。第四，具有培训功能，无论是有效或无效的关键事件均可以进行学习，前者侧重推广和巩固，后者侧重反省和改进。其缺点是：第一，难以获得明确的评价等级，缺乏可比性，不便于员工之间比较。第二，无法对员工绩效进行整体衡量，存在以偏概全的可能。

3. 行为观察评价法

行为观察评价法不是确定某种工作行为处于何种水平，而是确认员工行为出现频率，根据行为频率或次数进行评价，常以"从不""偶尔""有时""经常""总是"等作为评价等级。其优点是：行为观察评价法是关键事件法的改进，评价的行为指标即为关键事件，克服了关键事件法不能量化、不可比较的问题。所涉及的行为指标是组织鼓励或约束的行为，与工作结果之间具有较高的转换性，因此，具有较强的引导功能。行为观察评价法适用于工作成果不易于量化的工作，虽然不是量化评价，但由于采用明确、具体的行为指标，仍然具有较高的客观性。由于行为指标均是关键事件，因此，虽然是行为评价，但对工作结果具有间接影响作用。其缺点是评价方法费时、费力，需要收集较多的绩效信息，绩效评价体系设计难度较大。行为观察评价法举例如表 3-4 所示。

表 3-4　行为观察评价法

5 表示"总是"能观察到这一行为；4 表示"经常"能观察到这一行为；3 表示"有时"能观察到这一行为；2 表示"偶尔"能观察到这一行为；1 表示"从不"能观察到这一行为
1. 经常与学生碰面或打电话了解有关生活和学习情况。（　　）   2. 向经济困难的学生安排勤工俭学或家教的机会。（　　）   3. 对存在性格障碍的学生提供心理开导和帮助。（　　）   4. 积极参与班级组织的活动，与学生进行情感的交流与沟通。（　　）   ……

4．行为锚评价法

行为锚评价法由 P.C. 史密斯(P.C.Smith)和 L. 肯德尔(L.Kendall)于 1963 年最早提出。行为锚评价法是图尺度评价法和关键事件法的有效结合，是对关键事件法的拓展和应用，是重要的行为客观评价方法。在同一个绩效维度中存在一系列关键行为，这些关键行为即行为锚，每种关键行为分别表示该指标维度中的特定绩效水平，通过行为锚按等级量化，使考评结果客观、有效。

行为锚评价法的程序和步骤是：第一，进行工作分析，通过问卷调研、行为事件访谈等方式获取岗位关键事件，包括有效的和无效的。第二，建立绩效指标体系及权重。关键事件是行为绩效的重要体现，在明确评价指标体系的基础上，收集关键事件。第三，分配关键事件，建立绩效评价体系。安排对工作熟悉的管理者或任职者将有效或无效的关键事件分类并入不同的绩效指标，并对关键事件按照从优到差、从高到低排序，形成绩效评价等级。第四，对考评体系进行审核，判断关键事件能否反映考核指标以及考核指标的不同等级。

行为锚评价法的优点是：第一，虽然是行为评价，但由于行为锚的参照作用，相对客观、准确。第二，行为锚是具体的关键事件，能清晰地描述员工行为绩效，具有反馈作用，有利于行为改进。第三，关键事件是特别有效或无效的行为，对绩效具有较高预测效度，深层次反映员工在胜任特征方面的差异，可以为培训与发展提供帮助。其缺点是评价体系设计和开发难度较大、成本较高。行为锚评价法举例如表 3-5 所示。

表 3-5　行为锚评价法

评估要素：课堂教学技能
定义：课堂教学技能是指教师在课堂上有效地向学生传授教学内容的能力
8 分：使用多样化的教学方法，提高学生的自学能力   7 分：与学生相互讨论，鼓励学生提出不同意见，引导学生进行创造性思考   6 分：讲解某些问题时使用恰当的例子   5 分：讲解时重点突出   4 分：使用清楚、容易理解的语言   3 分：对稍有难度的问题讲不清楚，并且对学生不同意见不接纳   2 分：讲课乏味、枯燥，照本宣科   1 分：经常讲错一些重要的概念

（四）结果导向客观评价

1. 目标管理

目标管理理论由彼得·德鲁克(Peter Drucker)于1954年在《管理实践》中提出。德鲁克认为，并不是有工作才有目标，而是相反，先有目标才有工作，工作必须为实现目标而展开，组织使命和任务必须转化为目标，如果一个领域没有目标，那么该领域的工作就会被忽视。领导者需根据外部环境和社会需求，制订出组织目标以及相应措施，并把目标完成情况作为绩效评价依据。因此，管理者可以通过目标进行管理，衡量员工是否称职需视其对组织目标的贡献程度而定。

目标是组织使命的具体化、明确化和操作化，是衡量组织、部门、团队及个体绩效的标准。目标管理是上级和下级共同协商，根据组织使命确定组织目标，通过分解明确组织各层次的责任和目标，并根据目标完成情况进行绩效评价的管理活动。

目标管理过程包括：第一，设定绩效目标。当组织目标确定后，通过协商进行分解，转变成部门目标和个人目标，管理者根据目标完成度对下属进行考核和评价，以保证个人努力与组织目标一致。"每一项工作必须为达到总体目标而展开"，因此，员工贡献取决于其对组织目标的贡献。第二，制定实现目标的策略。其包括具体工作方法、行动步骤、时间计划、资源支持等，通过切实可行的行动步骤保证目标实现。第三，将实际绩效水平与绩效目标进行比较。如果绩效目标是具体的、清晰的、可验证的，绩效数据是准确的、全面的，通过两者比较可以对目标完成情况作出评价。第四，制订消除绩效差距的改进措施。分析导致目标完成度低的原因，在此基础上，制订改进方案。总结目标完成度高的原因，巩固和推广成功的做法。第五，制订新的绩效目标以及相应策略。在已完成目标的基础上，制订新的、更高层次的绩效目标和策略。

目标管理需注意以下问题：第一，区分绩效指标和目标的关系。目标是指标的基础，指标是对目标的操作化、具体化，但目标并不等同于指标。第二，在过程中需关注实现目标的方法和途径。实现目标有不同的路径或策略，具有不同的成本收益水平，需要进行比较分析。第三，避免本位主义和短期倾向。目标管理会促使员工将资源投入那些有利于目标实现的行为之中，对无关目标实现的行为则漠不关心，如向同事提供协作、和他人分享知识等。此外，由于个体的利己动机，为了在短期内达成指标要求，牺牲长期利益和目标，出现短视和投机。

目标管理的优点包括：第一，目标管理有效性得到广泛认可，组织中易于度量和分解的目标往往能带来良好绩效。第二，通过目标分解，有助于分工明确、职责清晰，促进组织结构调整。第三，目标管理基于Y理论，将人性假设为喜爱工作、主动承担责任，通过充分授权，发挥员工的自主性、主动性和创造性。其缺点包括：第一，目标难以确定。由于经营环境动态性和不确定性,制订目标较为困难。此外,在很多情况下,由于缺乏历史数据作为参考,制订目标的难度增加了。第二,具有创新性和变革性的工作,属于"摸着石头过河",往往难以制订清晰明确的目标。第三,目标协商带来管理成本的增加。一般而言,指定目标和自定目标的沟通成本较低,协商目标的沟通成本相对较高。

2. 平衡计分卡

20世纪90年代初,在理论和实践领域均发现,采用单一财务指标衡量企业绩效存在诸多问题,如偏重于有形资产增值,忽略智力资本和组织资本的价值,难以适应急速变化、不确定的经营环境。1992年,罗伯特·S.卡普兰(Robert S. Kaplan)和戴维·P.诺顿(David P. Norton)提出平衡计分卡理论,将企业愿景、使命和发展战略与绩效评价相联系,将之转变为具体目标和评价指标。平衡计分卡包括学习与成长、内部流程、客户、财务等维度,试图保持不同维度之间的平衡关系,不仅关注有形资产和财务结果,同时关注提升组织能力并获得未来增长的无形资产和非财务结果,不仅关注短期绩效,同时关注长期绩效。

第一,学习与成长维度是指提升包括人力资本、信息资本和组织资本等在内的无形资产,共同形成持续价值创造的基础。其中,人力资本包括技能、培训、知识等,信息资本包括系统、数据库、网络等,组织资本包括文化、领导力、工作流程、团队工作等。当人力资本、信息资本和组织资本与组织战略协调一致,具有较高的组织准备度,组织才具有保证未来成长的变革能力,从而获得长期发展。

第二,内部流程维度是指为了满足客户,组织必须擅长哪些流程,为客户创造和传递价值。内部流程包括运营管理、客户管理、创新管理、法规与社会四个战略主题。其中,运营管理流程是生产和交付产品与服务的流程,客户管理流程是提高客户价值的流程,创新流程是创造新产品和服务的流程,法规与社会流程是改善社区和环境的流程。各战略主题对组织财务结果的影响周期依次变长,运营管理和客户管理能够短期见效,创新管理和法规与社会只能长远见效,但可以保证组织可持续发展。

第三,客户维度是指为实现组织愿景,组织应该如何看待组织与客户之间的关系,以及如何定义目标客户价值主张和组织价值主张。组织竞争力最终取决于对客户需求的满足程度,因此,客户是组织最重要的资源。客户价值主张包括产品/服务特征(价格、质量、可用性、选择、功能等)、客户关系(服务、客户伙伴关系)和品牌形象等,组织价值主张包括总成本最低、产品领先、全面客户解决方案和系统锁定等。其中,总成本最低是指提供一致、及时和低成本的产品与服务。产品领先是指突破现有绩效边界,提供令客户满意的产品和服务。全面客户解决方案是指为客户提供最优的全面解决方案。系统锁定是指为客户创造高转换成本。

第四,财务维度是指组织如何看待股东,提供组织成功的最终定义。财务维度包括提高生产率和提高收入成长性两方面,分别代表生产率战略和增长战略两方面。实施生产率战略可以更有效地利用财务和实物资产,改善成本结构,加强成本控制,提高资产利用率,从而带来短期收益。增长战略则通过强化客户关系或增加新的收入来源(新产品或新市场),增加新的收入机会或提高客户价值,从而带来长期收益。

平衡计分卡各维度形成价值链,由此形成组织战略地图,其内在逻辑关系是,组织通过运用人力资本、信息资本和组织资本等无形资产(学习与成长维度),创新和建立战略优势和效率(内部流程维度),进而使组织将特定价值带给市场(客户维度),从而实现股东价值(财务维度),最终实现组织目标,上述四维度之间存在紧密的因果关系链条。

3. OKR 评价

目标与关键成果法(objectives and key results,OKR)最初由 Intel 公司 CEO 安迪·格鲁夫(Andy Grove)提出。OKR 不同于传统 KPI,其实质上是一种目标管理方法,目的是依靠员工创造性和自主性去完成任务。OKR 克服了 KPI 存在的两方面缺陷:第一,某些有价值的、创新性工作在计划阶段无法测量,导致无法制订目标。第二,在个人利益与组织利益冲突时,员工会为了追求个人 KPI 而损害组织利益。

OKR 由目标(objectives)与关键结果(key results)两部分构成:第一,目标。目标是群体性、引导性、长期性的愿景和目标,由于具有不确定性和创新性,因此往往无法准确计算、预测和衡量,是驱动组织成员为实现战略目标努力的定性化描述。第二,关键结果。关键结果属于定量化描述方式,具有挑战性、具体可量化的特征,旨在对既定目标的实际完成情况进行阶段性的评估与衡量。总的来说,通过 OKR 评价,员工能够通过紧密协作,将资源、精力都集中到对组织发展有着清晰的、可衡量的贡献环节之中。

目标与关键成果法特点包括:第一,简明性。操作简单明了,一般而言,绩效周期内的目标控制在 5 个以内,各目标的关键成果控制在 4 个以内,以避免目标和关键成果过多导致资源分散、重点不明确的情况。第二,直接性。关键成果服从并服务于目标,直接而不是间接影响目标实现。如果关键成果偏离目标,团队和个人会进行动态调整,使之回归目标轨迹。第三,公开性。组织成员的目标和关键结果以及所获得的评价均公开透明,供其他成员知晓,有利于团队合作和营造公平氛围。

OKR 的优点包括:第一,适用于目标明确性较低、复杂性较高、不确定性较高的创新性工作。第二,用自我控制代替外部控制,用内部动机代替外部动机,促进员工自主性和主动性。第三,具有更高透明性,成员了解彼此的愿景和目标以及评价情况,有利于工作协作和彼此支持,也促进部门和团队沟通。OKR 的缺点包括:第一,更适合知识型工作或高度依赖创新的组织,适用范围具有一定限制。第二,OKR 是聚焦目标的自我管理工具和工作方式,需要组织成员具有较高的职业素养和技能,具有较高工作成熟度和心理成熟度。

4. KPI 评价

关键绩效指标是衡量组织战略实施效果的关键指标,目的是建立将组织战略转化为内部过程和活动的评价体系,以增强组织竞争优势。KPI 的特点包括：第一,量化为主。KPI 考核将工作视为"投入—转换—产出"过程,分别在投入和输出环节设置关键量化参数,以此作为评价标准。如果指标无法量化,则会通过行为化方式,转化为有操作性的考核指标。第二,战略相关。KPI 来源于战略目标自上而下的分解,是对企业战略目标具有增值作用的指标。考核目的以战略为中心,为战略服务。第三,强调结果。KPI 考核重视工作结果,遵循结果导向原则,工作结果反映个体创造的价值和贡献。第四,强调承诺和沟通。通过在关键绩效指标上达成承诺,员工与管理者可以就工作期望、工作表现、未来发展进行沟通。第五,相关可控。在指标分解过程中,KPI 与部门和岗位具有相关性,如果 KPI 与多个部门或岗位相关,则需要共同承担。KPI 考核的基本假设是：只要根据关键业务流程设置评价参数,员工会主动采取行动达成工作目标。

KPI 考评程序和步骤包括以下方面。

第一,确定组织战略目标和关键成功领域(critical success factor,CSF)。要弄清楚以下问题,即组织为什么成功？面向未来,组织面临何种挑战与机遇？持续成功的关键是什么？关键成功领域是指在以前、现在和未来,组织依靠什么维持竞争优势,是对战略成功起决定作用的战略要素的定性描述,关键绩效指标是对关键成功领域进行定量评价的工具。通过关键成功因素和 KPI,使战略目标可以衡量和执行。一般而言,战略目标和关键成功领域是定性的,KPI 则是定量的、可测量的。举例而言,如战略目标是加强客户关系,关键成功领域是提高客户满意度,KPI 则包括客户满意度、重复购买率、投诉处理及时率等。

第二,分解公司、部门和岗位层面 KPI。遵循"愿景—战略—组织目标—组织关键成功领域—部门目标—个体目标"的程序制定和分解组织目标。组织层面 KPI 可以根据组织目标和关键成功领域,通过如鱼骨图、平衡计分法等较为成熟的理论框架制定。在分解过程中,有些 KPI 指标可以直接分解到某一部门或岗位,有些 KPI 则需要多个部门或岗位协同承担。通过确定工作产出、建立考核指标、设立考核标准、审核关键绩效指标等步骤,制定部门和岗位层次 KPI 体系。

第三,考核、反馈、改进。由于 KPI 考核多采用量化方式,因此,需要获得准确的、全面的、动态的绩效数据,作为评价依据。此外,除了强调结果,也要对目标实现过程进行监督控制。针对绩效差距,需提出有效的改进策略。

OKP 和 KPI 的比较如表 3-6 所示。

表 3-6　OKR 与 KPI 的比较

比较		OKR	KPI
相同	前提假设	企业存在明确的价值取向和目标,员工职责明确	
区别	定义	聚焦目标完成的自我管理工具和工作模式	将战略目标根据组织结构进行分解,参照相应标准以实现目标的绩效考核工具
	假设	员工具有强烈意愿实现个人目标	员工需要外部力量推动以实现个人目标
	指标产出	个人制定,与上下级动态修正	自上而下分解目标
	实质	管理方法(我要做的事情)	绩效考核的工具(要我做的事情)
	关注点	目的不在于考核团队及其成员,而是用于自我提示目标及目标完成质量	通过财务性及非财务性指标,建立目标考核指标推动业务前进
	导向性	产出导向,相比关注事情做了与否,更关注做事情带来的成果	结果导向,关注事情做了没有及其产生的直接或间接结果

(五) 全方位(维度)评价

360 度评价又称全方位全视角考核法。其假设是,不同评估维度提供独特而有价值的信息,可以提高绩效评估效度。一般而言,360 度考核属于发展型考核,包括上级、下属、同级、客户、本人等评价维度。与传统上级评价相比,360 度考核体现出多层次、多维度、多角度特点,为员工提供全面和客观的反馈信息,为绩效改进、培训和发展等提供引导。以往研究表明,360 度评价对员工知识共享、员工角色清晰度、员工自我认知、组织公民行为、内部动机、工作协作等均具有显著正向影响。通过多维度评价提高客观性,考核结果更可信、公正和易接受,促使员工在不同维度之间形成平衡关系,避免"只唯上"的官僚主义情况。

特别指出的是:第一,360 度评价占用考评者和被考评者更多时间,考评体系设计更为复杂,需收集更多绩效数据信息,成本高。第二,不同维度由于视角和立场不同,评价结果可能存在差异,管理者需收集各维度信息,在此基础上,对下属绩效作出整体评价。第三,360 度评价受人际关系影响较为显著,存在人际关系良好、任务绩效低的情况,需在考核中作出区分。

八、绩效评价中的常见误差

(一) 绩效评价误差

评价误差分为系统性和非系统性两种类型,非系统性误差无可避免,需重点避免系统性误差,否则将影响绩效管理的有效性。组织结构、文化和氛围、绩效评价体系、评价者个性心理特征等因素均会导致绩效评价误差。常见的绩效评价误差包括以下几种。

(1) 评价标准模糊。客观的评价体系可以减小评价误差,包括具体的指标定义、绩效标准、评价尺度、指标权重等;反之,则会使管理者缺乏依据、无所适从。

(2) 晕轮误差。晕轮误差是指由于下属的某方面特征比较突出或薄弱,管理者根据主观印象对其他特征作出偏高或偏低评价的倾向,导致以偏概全、一好百好或者一无是处。

(3) 逻辑误差。逻辑误差是管理者根据某些评价要素之间的逻辑关系，进行简单推理作出评价，导致出现误差。例如，社交能力和谈判能力具有密切关系，因此，推定社交能力强的人，谈判能力也一定强。

(4) 宽厚性误差。宽厚性误差是为避免争议或减少矛盾，给所有下属以较高评价。由于评价标准不清晰，管理者为避免下属异议，给予下属过高评价。宽厚性误差导致绩劣员工无法准确认知自身绩效，无法为人员配置提供准确依据，评价结果对那些绩优员工存在不公平，尤其是涉及晋升和加薪时。

(5) 严厉性误差。与宽厚性误差相反，管理者存在评价过于严厉的情况。其原因包括：管理者对下属要求过高或苛刻，甚至高于组织标准；出于组织政治原因，给予下属过低评价等。这种做法会导致员工在报酬和晋升等方面受阻，挫伤员工工作积极性。管理者需改变自身领导风格，采用客观的评价指标和标准，减少严厉性误差。

(6) 类似误差。管理者对与自己具有相似特征的下属给予较高评价，又称近我效应。相似特征既可以是种族、性别、年龄、出生地、教育程度等个人特征，也可以是爱好、兴趣、人格、能力、价值观和行为等个性心理特征。

(7) 近/首因误差。近因误差是根据下属近期绩效表现评价整体绩效。近因误差是由于在评价过程中有关近期行为的记忆更容易被提取，这种情况会使绩效评价出现偏差。首因误差则是前期交往过程中的"先入为主"效应，是第一印象输入的信息对客体以后的认知产生的影响作用。

(8) 中心化倾向。管理者对下属的评价集中在评价等级的中心位置。其原因包括：管理者不愿意作出极端评价；对评价对象不甚了解，以致难以作出准确评价；评价者对评价工作缺乏信心；评价要素的说明不完整或评价方法不明确；组织要求对过高或过低评价作出说明，担心引起争议。

(9) 关系倾向。管理者根据下属与自身关系好坏程度作出评价，导致评价受到人情因素影响。这种做法会损害那些工作能力强，但无法处理好与上级关系的员工的积极性。此外，关系导向的管理者可能将绩效评价作为打击报复的工具。

(10) 对照效应。对照效应是管理者对某下属评价受到对前一位下属评价结果的影响，导致评价出现偏差。

（二）绩效评价误差控制

总的来说，绩效评价误差影响准确性、公平性以及员工对绩效评价的接受程度。可从以下方面控制评价误差。

(1) 完善绩效评价体系。评价指标选择应能反映绩效本质，指标定义清楚明确，评价者和被评价者均形成一致理解。在工作特征允许的情况下，尽量采用客观量化标准或行为标准，减少主观误差。

(2) 选择合适的评价方法。各种评价方法都有其优缺点，需根据评价对象、评价目的等的不同,选择最合适的评价方法或多种评价方法组合。总的来说,目标管理、行为锚评价法、行为观察评价法等客观方法误差较小;反之,主观评价方法误差较大。此外,一般而言,多维度评价比单一维度评价的信息更多元,彼此可以相互验证。

(3)加强对管理者绩效评价培训。加强对管理者在组织战略、评价体系、评价方法等方面的培训,帮助其了解绩效评价体系的目的、内在原理和运用规则。另外,相关培训可以加强管理者自省,使其意识到自己在评价中存在的错误观念和行为。

第二节 绩效改进

一、绩效改进的定义

从定义上,绩效改进是管理者与员工共同分析和确定工作成功或失败的本质原因,制订工作计划以克服各种障碍,缩小绩效差距的管理活动。绩效改进的目的是弥补和缩小绩效差距,绩效差距是理想状态和现实状态之间的差距。

绩效改进包括绩效诊断和绩效提升两方面。其中,绩效诊断的目的在于发现引起绩效差距的原因,以便消除和克服。绩效诊断包括发现问题和分析原因两方面。发现问题包括确定问题的征兆、确定绩效问题层次、确定绩效问题类型等。分析原因包括:区分现象问题与本质问题,区分症状解和根本解;确定关键绩效变量等。绩效提升包括制定改进策略、评估策略效果、巩固策略效果等。

二、绩效改进的原则

在激烈的市场竞争环境下,绩效改进是维持组织竞争优势的重要前提,拒绝变革甚至变革速度落后于竞争对手都将导致组织失败。绩效改进的原则包括以下几个。

第一,结果导向。绩效改进以结果为导向,结果既是改进的终点,也是下一次改进的起点,具有周而复始的特点。无论是个人还是团队,工作目标都是实现组织愿景和目标。组织是由若干职能部门构成的系统,作业流程贯穿于部门之间,各流程环节又由工作岗位组成,因此,从系统层次性上看,绩效分为组织绩效、流程绩效、个人绩效。上述层次的绩效必须是一致的、协调的,才能产生整体协同效应。

第二,系统。系统原则是最关键的绩效改进原则,系统理论为绩效改进提供了重要的管理方法论。系统原则包括:①系统思维。个体处于组织系统之中,绩效影响因素包括内部因素和环境因素两方面,需要将组织作为完整系统进行思考,如果仅采用"只见树木,不见森林"的局部思维,将会"头痛医头,脚痛医脚",无法真正有效改进。②系统方法、程序和步骤。绩效改进不能依靠"灵光一现"或"拍脑袋",而是要采取系统的方法和步骤,包括分析需要和机会、原因分析、设计、开发、实施和评价等,从而形成循环往复、周而复始的改进程序。

第三，价值。绩效改进需要给组织或个体带来真正的价值和贡献。绩效改进同时关注组织目标和个体目标。在组织层面，帮助组织改进流程、提升效率、增加收入，保证利益相关者满意程度最大化。在个体层面，促进个体成长与发展以及需求满足。如果只片面地强调某一方面目标和需求，改进效果难以持续。

第四，主动。绩效改进可能是被动反应（reactive），也可能是主动应变（proactive）。前者更多是在绩效问题或差距出现后，被动作出弥补措施，后者则是根据环境和趋势变化主动变革。预期外的绩效差距是无法避免的，因此，虽然被动反应属于事后行为，但仍具有价值和意义。主动应变属于事前控制，具有前瞻性和变革性，能更好地主动变革或适应环境，减少被动反应发生。

第五，协同。在绩效改进环节，单一主体无法完成系统改进，因此，需要相关主体积极参与，充分表达诉求和意见，提供各自领域的建议，通过彼此协同，以获得改进结果。

三、绩效改进的步骤

过程是结果的保证，因此，绩效改进需采取合理的、系统的程序。其步骤包括：组织成员意识到存在绩效差距；分析绩效差距的性质、类型和严重性；从系统和个人方面分析产生绩效差距的原因；设计和实施消除绩效差距的改进计划；评估绩效问题是否被有效解决；如果有必要，重新开始下一个循环。

第一，选择改进项目。首先，管理者需意识到绩效问题存在，否则就缺乏改进动机和目标。其次，应明确绩效差距的性质及其严重性。绩效问题包括当前的绩效问题、对当前绩效的改进问题以及将来的绩效需求问题等，管理者需将绩效问题分为近期或远期、紧急或不紧急、重要或不重要问题，在明确轻重缓急的前提下，合理确定改进项目，合理分配工作资源。

第二，寻找导致绩效问题的原因。正确区分现象问题和本质问题，找到导致绩效差距的本质原因，不能将现象当作本质，否则将无法真正解决问题。导致绩效差距的原因存在不同分类方法，如按照所涉及管理层级，可分为决策层、管理层和员工层；按照问题来源，可分为个体层面和系统层面；按照干预的可能性，可分为可变层面和不可变层面。

第三，制订绩效改进计划。绩效改进计划是关于改善现有绩效的工作计划。其具体包括：分析上个绩效周期的绩效评价结果；对存在的绩效问题提出改进意见；明确绩效改进需达到的目标等。绩效改进计划应包括具体改进措施、建议接受的培训内容、管理者的支持和帮助等方面。针对特殊问题提出分阶段改进意见，帮助员工有步骤地改变现存绩效问题。

第四，绩效改进计划实施与评价。实施阶段涉及个体改进和组织变革两方面，两者均会遇到各种阻碍。评价阶段主要解决"是否达到预期的改进效果""改进本身还需要哪些改进"等问题。

四、绩效改进流程模型

在绩效技术和改进理论中,绩效改进分为五个主要环节:绩效分析、原因分析、改进措施设计和决策、改进措施实施和变革、绩效改进评价。

(一)绩效分析

(1)绩效分析的定义和内容。绩效分析也称前端分析。绩效分析是依照组织发展的目标与期望达到的能力,识别组织内部当前(或隐藏)的劳动力绩效/能力缺陷和不足的过程。其任务是明确目标、分析现状、揭示差距、剖析原因,为进一步开发改进绩效的干预措施提供依据。该阶段主要包括三种类型的绩效分析:环境分析、组织分析和差距分析。环境分析是对支持实际绩效的要素进行识别和排序的过程,能确定组织当前实际的绩效状态。组织分析是识别组织的愿景、使命、价值、目标和策略,对组织要素进行合理匹配。通过组织分析和环境分析,分别确定绩效的期望状态及当前状态,通过差距分析确定状态之间的差距。绩效分析首要问题是确定组织目标、期望与要求,将其转换成具体的绩效要求。其次是对组织内的绩效现状进行调研,在此基础上找出目标与现状之间存在的差距。

(2)绩效差距分析。绩效状态包括理想(期望)绩效状态和实际绩效状态两方面内容,理想(期望)绩效是组织目标的计划水平,实际绩效是组织目标的现实水平。绩效差距即是两者的差别,代表了需要解决的绩效问题,同时也表明组织绩效进一步提升的可能机会。绩效改进的最终目标即是以最适当的成本—效益比率消除这种绩效差距。

(3)绩效改进反应模式。绩效改进反应模式分为主动应变和被动反应两种类型。前者侧重于对外部环境进行分析和预测,寻求新的企业发展机遇,与同行业中最优秀企业的绩效水平进行对比,以明确变革方向。后者主要是基于现存的绩效问题和差距,提出现实的、即时性的绩效改进目标和方案。

(二)原因分析

当发现绩效差距,需要评价差距大小、重要性以及缩小差距的紧迫性、困难度和必要性,并在此基础上,进行原因分析。原因分析是寻找并确定绩效差距的影响因素,找出导致绩效差距的真正深层次原因。当找到问题根源时,解决绩效问题的概率大大提高。

在很多情况下,管理者只看到表面症状和现象原因,无法深入分析本质原因,最终导致绩效改进失败。原因分析是连接识别绩效差距和采取干预措施的关键环节与纽带,是绩效改进的关键步骤。在没有明确问题根源的情况下,盲目采取措施,会浪费资源,无法解决绩效问题。

以往许多绩效改进模型提出不同的原因分析思路,提供了系统的分析框架。明确绩效影响因素存在阻碍的方面,即可以明确绩效差距的原因,并在此基础上制订改进措施即可以提升绩效水平。

(三) 改进措施设计和决策

在绩效分析和原因分析之后,管理者需设计和实施绩效改进措施。首先,因为绩效影响因素的种类和性质不同,改进措施需基于绩效影响因素设计。因此,改进措施可分为知识技能和组织环境两方面。前者是针对缺乏信息和知识技能引起的绩效问题而采取的对策,具体如绩效支持和反馈、知识与技能培养和交互技术等。后者是针对组织环境因素引起的绩效问题而采取的对策,具体如工作分析与设计、人力资源开发、组织设计与开发、组织沟通和财务系统改革等。其次,改进措施选择是针对绩效问题、问题原因以及解决策略所进行的系统思考。通常,方案是多种干预措施的综合,简单地选取一种改进措施往往达不到效果,由于问题复杂性,需从系统性角度,整合多种改进措施以解决问题。最后,改进方案建立在成本—效益分析,以及组织整体利益基础上,改进成功与否取决于是否缩小绩效差距。

(四) 改进措施实施和变革

实施和变革是将改进措施付诸实践,进行组织变革,并评价措施效果。实施改进措施必然会改变组织现状,会遇到其他组织成员的反对和阻碍。变革阻碍来自利益冲突、价值观、行为习惯、消极情绪等,因此,在制订改进措施的同时,需预先制订消除或减少变革阻碍的相关计划。此外,在变革过程中,沟通是非常重要的,通过沟通传递变革期望、解释变革利弊,减少恐惧心理。通过沟通让员工表达诉求,照顾员工利益,使员工关心和参与变革,减少变革阻力。

(五) 绩效改进评价

评价是将目标和结果做比较,分析方法和资源的有效性,从而接近期望结果的方式。评价虽然是最后步骤,但贯穿于绩效改进全过程,目的在于指导和影响改进决策,并提供反馈,促进改进优化。评价内容包括:评估绩效差距是否彻底消除,绩效问题是否有效解决,以及绩效改进措施的适合性、可操作性、可感知性、效果性、经济性、收益性、及时性等,此外,还包括对绩效改进措施的持续改进。根据绩效技术过程模型,评价分为以下类型:第一,形成性评价。形成性评价强调诊断性,主要运用于绩效差距分析、原因分析、改进措施选择和设计等。第二,总结性评价。总结性评价关注改进方案的即时效果,即对短期效果和能力进行评价。第三,证实性评价。证实性评价建立在形成性评价和总结性评价基础上,解释和识别长期持续的改进效果,如对个体或组织持续能力、长期效果、投资回报等的影响。第四,元评价,即对评价的评价。元评价是对以上评价过程和结果的评价与反思,并总结经验和教训。

五、绩效改进模型

(一)个人绩效改进模型

1. ASTD 流程模型

美国培训与发展协会(ASTD)致力于培训与开发、绩效改进领域的研究和实践。ASTD 模型借鉴经典 ADDIE[绩效分析(analysis)、设计(design)、开发(development)、实施(implementation)和评价(evaluation)]模型指出,绩效改进包含六个步骤:绩效分析(定义和描述过去、现在和未来的绩效差距)、原因分析(确定引起绩效差距的根本原因)、解决方案(思考缩小过去、现在和未来绩效差距的可能途径)、实施方案(做好实施干预措施的准备工作)、变革管理(监督改进方案的实施过程)和评估(评价干预措施的实施成效)。ASTD 模型各环节不是单一的、线性的,在实际工作中,可以是非线性的、动态的,各环节可以交叉或同步进行。

1996 年,ASTD 识别出管理者在绩效改进中扮演的四种角色:第一,分析人员角色。进行诊断和原因分析,识别可以改进的领域。第二,干预措施专家角色。根据原因分析,选择适当干预措施。第三,变革管理者角色。确定干预措施与期望结果一致的方式得以实施,确保干预措施有助于个人和团队目标的实现。第四,评价人员角色。评价干预措施和变革的影响与成效,向参与者和利益相关者提供干预措施的实施效果信息。在许多情况下,各个角色都是唯一的,有不同的胜任力和工作产出,个体并不需要同时、完整地扮演四种角色,但要对各种角色胜任特征有充分了解,否则将影响改进效果。

2. 行为工程模型

行为工程模型由托马斯·F. 吉尔伯特(Thomas F. Gilbert)最早提出,在行为工程模型中,绩效影响因素包括个体因素和环境因素两方面,其中,个体因素包括知识、能力和动机等,环境因素包括数据、资源和工具、激励等。吉尔伯特通过调查研究,分析上述各种因素对绩效改进的作用,结果表明,环境因素的作用占 75%,其中,数据/信息占 35%、工具占 29%、激励占 11%。个体因素的作用占 25%,其中,知识技能占 11%,能力占 8%,个体态度动机占 6%。通过行为工程模型制订绩效改进方案,可以将员工绩效从一般或以下提升至杰出水平,具体如表 3-7 所示。

表 3-7　行为工程模型

绩效影响因素	数据	资源和工具	激励
环境因素	• 清晰的工作期望和标准 • 及时的绩效反馈和信息获取 • 提供明确、相关的指导	• 与人体工程相适合的、工作所需的工具和材料 • 为满足绩效需求计划的资源和时间 • 充分的人力资源 • 有组织的工作过程	• 物质奖励 • 精神奖励 • 职业发展机会 • 绩效过差产生的明确后果
绩效影响因素	知识	能力	动机
个体因素	• 系统化设计的培训 • 培训机会	• 人与职位的匹配 • 体格 • 灵活的计划来符合员工的最大能力 • 良好的选择过程 • 虚拟的或可见的帮助来增强能力	• 为获得利益刺激而工作的意愿 • 评价工作动机 • 招聘合适人选

3. 坎贝尔个人绩效模型

坎贝尔(Campbell J P)是行为绩效理论的主要代表人物,该理论认为绩效是员工在工作过程中表现的一系列行为特征。坎贝尔提出行为绩效的八个组成部分,并认为可以描述所有职业的工作,分别是:任务绩效熟练程度、非工作规定的任务熟练程度、书面和口头沟通能力、工作努力程度、保持个人原则和纪律、对团体和同事绩效的促进、监督和管理、个人训练。

1993年,坎贝尔提出了划分个体绩效范围的模型,提出了行为绩效模型。行为绩效模型包括三个部分:绩效构成要素、绩效决定因素和绩效决定因素的预测性指标。其中,绩效决定因素的预测性指标可以分为三种类型,分别是可言传知识、不可言传的知识和技能以及动机。可言传知识的预测指标包括常识和事实、理论与原理、目标和目的、个人领悟的知识。不可言传的知识和技能的预测指标包括认知技能、心理活动技能、身体技能、自我管理能力、人际交往能力等。动机的预测指标包括对工作选择、努力程度、努力持续性等。上述指标之间相互发生作用,共同影响绩效。在个人绩效改进中,行为绩效模型是重要的理论参考框架,管理者可以根据行为绩效决定因素的预测性指标,进行个体绩效诊断、原因分析和制定改进策略。

4. Wile 的个人绩效模型

在 Wile 的绩效改进模型中,绩效影响因素包括内部因素和外部因素两方面。与员工个人相关的因素称为内部因素,环境因素则是外部因素。内部因素包括个人知识、技能和既有的能力等。外部因素包括有形资源和无形环境等,其中,有形资源包括认知支持、工具和设备、物质环境等,无形环境包括组织系统和工作动机等。依据该模型可以进行绩效原因分析,并在此基础上制订改进措施,具体如图 3-1 所示。

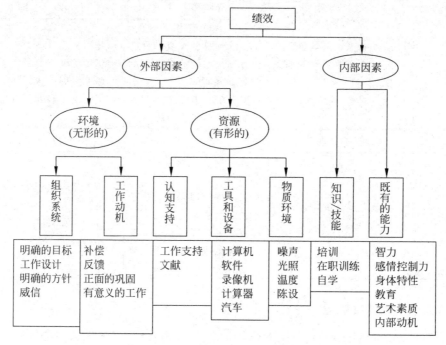

图 3-1 Wile 的个人绩效模型

(二) 组织绩效改进模型

1. Byron Stock & Associate(BSA)模型

该模型由 Byron Stock & Associate(BSA)绩效技术研究组最早提出。BSA 模型将各种绩效因素控制源(主导因素)归类为决策、管理和员工三个层面,各层面具有不同的绩效因素。决策层面绩效因素包括方向(期望、使命、价值、战略)、组织系统(组织结构、沟通系统、财务系统、政策)和人力资源管理系统(绩效评估系统、晋升系统、薪酬系统)。管理层面绩效因素包括指导(目标、职位设计、期望、评估标准、决策认证、反馈)、资源(过程、方法、信息、工具和装备、支持服务、工作环境)、激励(物质奖励、精神奖励)等。员工层面绩效因素包括技能与知识(技能/技术、管理、领导)、能力(智力、体力、特性/个性)、动机与需要(工作偏好、职业期望)等。BSA 模型对绩效影响因素从组织不同层面进行列举,形成绩效因素图表,管理人员将绩效问题与绩效因素图表进行比对,分析绩效问题原因及解决途径,但该模型并未明确地指明改进策略。

2. 吉尔伯特绩效工程模型

吉尔伯特是绩效改进领域的代表性人物,其最具代表性的理论是绩效工程模型和行为工程模型,其中,行为工程模型在前面已介绍。绩效工程模型包括政策级、战略级和战术级三个层次,在绩效改进时,需要依据这三个层次,按照从上向下顺序进行分析,以保证优先从更高层次上寻找原因和制定对策。

绩效工程模型将绩效改进过程划分为成果模型、缺陷测量和改进对策三个阶段。其中,成果模型是绩效改进起点,确定组织、团队和个人的主要工作成果和需完成的绩效目标。缺陷测量是通过收集现有相关绩效信息,与期望绩效进行比较,确定组织、团队和个人绩效差距或缺陷,并进行原因分析。改进对策则是制订和选择消除现有绩效和理想绩效之间差距的解决方案。

总的来说,绩效工程模型将绩效改进划分为三个层次和三个阶段,整合为完整、系统的理论框架。绩效改进需要在不同层次和阶段有序开展,按照"政策—战略—战术""目标—差距—对策"的改进思路,系统地解决绩效问题。绩效工程模型如表3-8所示。

表3-8 绩效工程模型

层次	成果模型	缺陷测量	改进对策
Ⅰ政策级(制度系统)	组织模型:组织的文化目标;主要使命;必备条件和机构划分;标杆标准	风险分析:绩效评估及现状;绩效改进的潜力;风险;关键角色	改进计划与政策:环境改进计划(数据、工具、激励);员工素质提升计划(知识、选拔、招聘);管理改进计划(组织/资源/标准)
Ⅱ战略级(岗位系统)	岗位模型:工作任务;主要职责;需求和评估单元;标杆标准	岗位评估:绩效评估;绩效改进潜力;关键的职责	岗位策略:数据分析;培训设计;激励计划;人的因素;选拔系统;招聘系统
Ⅲ战术级(任务系统)	任务模型:职责的任务;主要责任、需求和评估单元;标杆标准	任务分析:绩效评估或观察;绩效改进潜力;详细的差距;项目成本	战术工具:反馈;指导;培训;强化

3. 国际绩效改进协会的绩效技术模型

国际绩效改进协会(ISPI)是致力于绩效改进研究的专业协会组织,该组织在1992年提出人类绩效技术(HPT)模型,为管理者进行组织绩效改进提供可供遵循的系统步骤。绩效技术(performance technology,PT)是通过确定绩效差距和设计低成本、高效率的改进措施,实现期望成效和目标的系统管理方法。绩效技术旨在解决和消除与人有关的绩效问题、差距,开发有助于改善绩效水平的方法与途径,回答了"在何种情况下,需要绩效改进""如何进行绩效改进"等问题。一般而言,绩效改进起因包括:第一,制定新政策,提出新的变革思路,或引进新技术等。第二,组织在绩效方面出现问题和差距。第三,提升员工能力,实施员工发展计划。第四,组织战略发展的需要。

绩效技术是解决绩效问题、由特定程序和操作过程构成的管理方法。绩效技术模型将绩效改进分为发现绩效问题、分析问题、设计改进方案、实施改进方案以及评价五个环节。绩效技术模型不限于对绩效影响因素进行分类,而是致力于采用程序性、系统性方法消除绩效差距。将改进流程结构化、模块化、程序化,依照该模型实施绩效改进将更科学、更有效。其具体程序包括:第一,绩效分析。认清组织绩效需求,识别并测量组织期望绩效与实际绩效间的差距,包括期望的绩效状态、实际的绩效状态以及两者差距。差距是需要解决的绩效问题,也是原因分析的前提。第二,原因分析。找到绩效差距原因是什么,原因分析是问题与对策之间的重要连接,只有发现和揭示绩效问题潜在、深层次根源,才能有效制定对策。第三,选择和设计问题解决方案。解决方案是一整套体系化方法和测量的组合,是基于前两个步骤制定的计划、方法和测量,通过方案可以改善绩效差距,带来绩效的良性循环。第四,方案实施与变革。运用绩效技术的理论实施组织变革、组织管理优化,从而提高组织效能。第五,评价。评价的目的在于纠偏和引导方案实施。形成性评价应用于前三个环节,体现诊断性和过程性。总结性评价是对解决方案即时效果的评价。证实性评价是建立在前两者基础上,用于解释和识别长期的、持续的效果。绩效技术模型如图3-2所示。

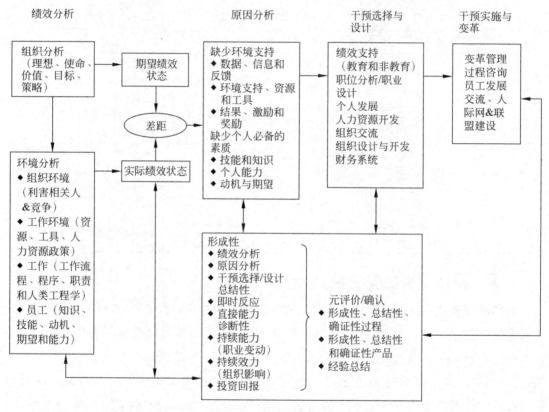

图 3-2 绩效技术模型

4. 斯旺森绩效模型

美国学者理查德·A. 斯旺森(Richard A. Swanson)认为绩效诊断流程包括确定初始目标、评估绩效变量、细化绩效考核、确定绩效需求、提出改进方案等步骤。斯旺森指出,绩效变量是那些能从根本上作用于系统绩效的因素,是能影响绩效的本质原因,也是绩效改进的起点,绩效问题和差距是由绩效变量导致的。绩效变量可以分为使命/目标、系统设计、能力/产能、动机/激励、专长/技能五个方面,绩效改进方案中的具体措施,应针对绩效需求和目标,同时针对这五种绩效变量进行设计。在此基础上,斯旺森绩效模型将绩效问题分为当前的绩效问题、对当前绩效的改进、将来的绩效需求三种类型,将绩效目标分为组织、流程、团队和个人四个层次,为绩效诊断提出了有效的框架,在绩效改进过程中,需要确定绩效问题层次,以及在该层次的绩效变量是否存在问题、存在何种问题,从而进行绩效诊断和改进,具体情况如表 3-9 所示。

表 3-9 绩效诊断矩阵

绩效变量	组织层次	流程层次	团队层次	个人层次
使命/目标	组织的使命及目标是否适应经济、政治和文化现实	流程目标能否保证组织或个人使命和目标相吻合	团队的目标与工作流程及个人的目标协调吗	个人专长和个人目标是否与组织目标一致
系统设计	组织系统是否提供支持预期绩效的结构和政策	流程是否以系统的工作方式来设计	团队的工作方式是否有助于合作和提高绩效	员工是否清楚可能遇到的工作绩效的障碍
能力/产能	组织具备完成其使命/目标的领导力、资本及基础设施吗	流程具备足够的产能(数量、质量和时限)吗	团队具备有效完成绩效目标的复合能力吗	员工具备工作所需的智力、体力及情商吗
动机/激励	组织政策、文化及奖惩体系支持预期绩效吗	流程具备持续运营所需的信息及人力因素吗	团队具备有效完成绩效目标的复合能力吗	员工在任何情况下都愿意工作吗
专长/技能	组织建立了遴选、培训制度并提供了相应的资源吗	组织专业技能开发的流程能够满足流程变化的需求吗	团队具备团队流程运作的知识和技能吗	这些员工具备其工作所需的专门知识和技能吗

即 测 即 练

第二部分

直接薪酬

第四章　薪酬管理绪论
第五章　职位薪酬体系
第六章　薪酬结构
第七章　技能薪酬体系
第八章　薪酬水平策略
第九章　绩效奖励计划
第十章　薪酬成本控制和薪酬预算

第四章

薪酬管理绪论

本章学习目标

1. 报酬和薪酬的定义、类型、构成、发展历程；
2. 薪酬管理的定义、原则、步骤和程序；
3. 战略性薪酬管理的特征、模式以及与传统薪酬管理的区别。

比亚迪股权"零元购"

比亚迪股份有限公司(以下简称"比亚迪")在2022年4月22日晚间发布公告称,公司董事会审议通过了回购股份预案,公司拟将18亿～18.5亿回购股份全部用于实施员工持股计划,且受让价格为0元每股。此公告将车企员工持股计划提升到更高层次,参与持股计划的员工无须出资即可获得相应股份。虽然员工持股计划是目前上市公司选择留住人才、吸引人才的常用方式,但是员工无须出资却仍为少数。2022年5月27日,比亚迪2022年第一次临时股东大会通过了《比亚迪股份有限公司2022年员工持股计划管理办法》。2022年5月30日,比亚迪正式发布2022年员工持股计划。

比亚迪此次员工持股计划的参与员工总人数不超过12 000人,包括比亚迪的职工代表监事、高管以及集团的中层管理人员、核心骨干员工,通过非交易过户等法律法规允许的方式受让公司拟回购的股票。员工持股计划参与对象的14位公司职工代表监事及高级管理人员,拟分配额占到总份额7%,剩下的集团中层管理人员及核心骨干员工约为11 986位,拟分配额占到总份额93%。从比亚迪公告中可以看出,参与员工涵盖了技术、运营、营销、综合等集团各岗位。激励对象作为负责公司战略实施的关键人员,作为团队的骨干力量,对公司的整体业绩和长期、持续、稳定的发展有着决定性的影响,发挥着重要作用。而比亚迪也为了促进公司长远发展,充分考虑了股东权益,充分调动员工积极性与创造性,提高公司核心竞争力和员工归属感,参考相关政策和市场实践,并结合行业竞争和公司发展的实际情况,确定此次员工持股计划的受让价格为0元/股,参与对象无须出资。

资料来源:罗梨丹.比亚迪员工持股计划案例研究[J].中国乡镇企业会计,2023(4):25-27.

第一节 薪酬概述

一、报酬的定义和薪酬的定义

根据马斯洛需要层次理论,个体需要分为生存需要和发展需要两方面,员工为组织作出贡献,组织保证员工需求得到满足,从组织获得物质和精神回报,双方形成公平、对等的交换关系。在内涵方面,报酬(reward)是比薪酬更广的概念。在定义上,报酬是指员工为组织工作而获得的所有各种其认为有价值的回报。报酬与员工生存、安全、关系、尊重和自我实现等需要密切相关,通过影响员工满意度进而影响员工奉献度。

薪酬的英文是"compensation",有弥补和补偿之意。薪酬是员工向组织提供劳动或劳务而获得的各种形式的酬劳或答谢。广义薪酬等同于报酬,该定义包含范围较广,但存在非经济性报酬难以衡量的问题。狭义薪酬是因为雇佣关系从雇主那里获得的各种形式经济收入以及有形服务和福利,包括工资和福利,主要指经济性报酬,相对易于计量和衡量。从发展趋势来看,广义薪酬概念更受到实践领域的认同,单纯强调经济性报酬,无法满足组织管理需要,也无法满足员工更复杂、更丰富、更多层次的个人需求和动机。

二、报酬的分类

按照存在形式不同,报酬分为经济性报酬和非经济性报酬。两者的区分标准是,报酬能否以货币形式提供和衡量。经济性报酬包括各种形式的薪资(工资)和福利。非经济性报酬则包括个人发展、工作本身和外部环境等相关维度,其中,与个人发展相关的维度包括能力发挥、晋升发展、培训学习、工作成就、参与管理等。与工作本身相关的维度包括工作职位、工作胜任、工作自主、工作兴趣、工作挑战等。与外部环境相关的维度包括工作环境、企业文化、企业管理、公司前景、领导素质、人际关系、团队合作、个人生活、身心健康等。

按照作用方式不同,报酬分为内在报酬和外在报酬。内在报酬是工作过程和工作结果给员工带来的心理感受。根据工作特征模型理论,工作特征会影响个体对工作意义的感受、对工作结果的责任性、对工作结果的了解等,进而影响绩效水平。内在报酬来自工作本身,带有自动自发性,甚至如果简单地用外在报酬取代内在报酬,前者将削弱后者的作用。外在报酬是员工为组织工作所获得的货币或物质报酬,包括基本薪酬、绩效薪酬和福利薪酬等。

三、薪酬的构成

基于不同薪酬定义,薪酬构成存在差异。本书依据狭义定义,将薪酬分为以下几方面。

第一,基本薪酬。基本薪酬也称基础薪酬,是组织根据员工所承担的岗位工作,或所具备的工作技能或能力而支付的基本报酬。基本薪酬是劳动者完成劳动定额和劳动时间所获得的基础收入,数额基本固定,多不与绩效挂钩。基本薪酬反映岗位、技能或任职年限的价值,也可以作为确定其他薪酬的依据。基本薪酬影响因素包括:员工所从事特定工作的相对价值;员工技能和知识水平;在组织中维持内部公平性的需要;与市场、行业或地区其他企业相比,薪酬保持外部竞争力的需要。

第二,绩效薪酬。绩效薪酬也称可变薪酬、浮动薪酬、有条件薪酬等,是薪酬构成中与绩效(如个体绩效、团队绩效、组织绩效)直接联系的可变部分,其水平多通过某一计算公式与员工绩效联系。由于绩效薪酬标准和依据是绩效,具有低刚性、高变动性的特征,因此,相较于基本薪酬,其具有更强的激励性。根据绩效薪酬所占比重采取不同薪酬策略,比例高则为高弹性薪酬,比例低则为高固定薪酬。

第三,福利薪酬。福利薪酬也称间接薪酬、员工福利等,是组织为满足劳动者生活需要,对其给予经济帮助、生活服务和照顾而举办的事业以及所采取措施的总称,包括各种风险保障、物质补偿、服务和假期等,或者分为法定福利、统一福利和专项福利等。福利取决于员工是否与组织建立劳动关系,是否拥有组织成员身份,具有按需分配、刚性高、差异性小、变动性低等特点,属于保健因素,侧重于保障性。

四、薪酬的功能和作用

在人力资源管理价值链中,薪酬属于价值分配环节,是组织和员工共同关注的重要领域,与员工切身利益以及组织人工成本合理性密切相关。其作用体现在以下方面。

第一,战略导向功能。薪酬战略(compensation strategy)是人力资源战略的重要组成部分,纵向支持组织战略和竞争战略。如实施成长战略的组织强调与员工共担风险、共享成功,短期内提供低固定薪酬,侧重于长远回报。实施成本领先战略的组织注重人员效率和人工成本控制,将绩效与薪酬密切联系,关注市场压力以及竞争对手人工成本,采用高弹性薪酬模式。实施差异化战略的组织要求薪酬与创新行为、变革行为紧密联系,向战略性人力资本倾斜。

第二,保障功能。薪资本意为"砍薪汲水"之资,因此,保障性是薪酬最基本的功能,即满足个体及家庭的生存和发展需要开支,以及劳动力生产和再生产支出。从员工角度理解,薪酬满足员工生存稳定需要、地位和尊重需要、公平公正需要以及自我实现需要。

第三,激励功能。薪酬公平性显著影响员工离职意愿、工作满意、工作投入、组织承诺等。当员工知觉到组织可以满足自身需求,且唯有通过个人努力,才能实现这些需求时,其才会产生更大的工作投入,即存在"投入—绩效—薪酬"的链条,其中,任何环节均不能缺失;否则,激励作用无法体现。

第四,社会信号功能。对个人而言,薪酬代表员工在组织的内部地位和层次,是识别个人价值的信号。对组织而言,薪酬代表组织实力,反映雇主品牌对员工的吸引力。对劳动力市场而言,薪酬是劳动力市场价格信号,影响人才的培育、吸引、配置和保留等。对社会而言,薪酬是经济繁荣、人民幸福的象征,促进社会公正和稳定。

五、薪酬的发展历史

随着社会进步和经济发展,薪酬管理经历了"工资—福利计划—全面薪酬"的发展阶段。

第一,工资阶段。①生存工资理论。生存工资理论认为,从长远来看,在工业化社会中,工资等于工人最低生活费用,维持其个人和家庭基本生存,使其勉强糊口即可,工人用完工资后,必须回到工厂继续工作,从而劳动力获得持续供给。大卫·李嘉图(David Ricardo)认为,生存工资就是劳动力自然价格,使工人大体上能够生存下去,在人数上不增不减地延续其后代所需要的价格。该理论盛行于特定历史时期,即劳动力供给趋近无限,相关劳动法律不够完善的情况。②泰勒计件工资。弗雷德里克·温斯洛·泰勒(Frederick Winslow Taylor)在时间和动作研究基础上,确定科学的劳动定额,制定和实施差别计件工资,对超出劳动定额的工作产出支付更高计件单价,实现奖勤罚懒。③效率工资理论。福特公司效率工资理论认为,实行高于市场的效率工资可以招聘、激励和保留高素质员工,提高工作积极性和人员效率。④利润分享计划。19世纪初,有企业实施利润分享计划,通过利润分红激励员工,劳动力作为生产要素,与资本、土地等一样,共同参与利润分配。⑤收益分享计划。20世纪中期,收益分享计划开始盛行,通过收益分享计划,鼓励员工提高生产率、提升产品质量、减少成本浪费等。

第二,福利计划阶段。20世纪50年代,随着工会力量逐渐强大,以及工人群体维权意识高涨,许多企业主动或被动地增加福利开支,降低员工老龄、失业、工伤、疾病、生育等导致劳动收入中断或降低的风险,给员工提供保障。此外,由于内部劳动力市场形成,薪酬受各种法律制度、集体谈判等影响,福利成为劳资双方共同关注的领域。

第三,全面薪酬阶段。在经济全球化、工作知识化以及用工多元化趋势下,仅依赖传统薪酬模式无法保证组织人才竞争力,需要管理者更开阔地看待薪酬内涵和外延。在此情况下,世界薪酬协会提出全面薪酬(total reward)模式。有关全面薪酬的定义是雇主能够用来吸引、保留和激励员工的各种可能工具,包括员工认为从雇佣关系中能获得的各种有价值的东西,是雇主为换取员工时间、能力、努力以及工作结果,提供的各种货币和非货币性报酬,是能够有效吸引、激励和保留优秀人才的关键要素的有机整合。在构成方面,美国全面薪酬学会先后提出两个理论模型,第一个理论模型在2000年提出,包括薪酬、福利和工作体验三个维度,其中,工作体验包括认可与赏识、工作与生活平衡、组织文化、发展机会、工作环境等。2005年,该协会又组织大规模调查研究,提出了适用范围更广的全面薪酬模型,包括薪酬、福利、工作和生活平衡、绩效管理与赏识和认可、职业发展机会五个维度。通过上述要素,全面薪酬从多角度体现员工价值和贡献,将多种激励方式有机结合,成为支持组织战略和应对变革的管理工具。通过全面薪酬,在组织和员工之间形成良好心理契约,调动员工积极性,实现组织战略。

此外,其他组织也提出过全面薪酬理论构成框架。如韬睿咨询公司在1997年提出,全面薪酬包括福利、薪酬、学习与发展以及工作环境等维度。合益咨询公司提出,全面薪酬体系包括有形报酬、工作质量、工作与生活平衡、未来成长机会、赋能环境、鼓舞与价值观等维度。

上述报酬模式均建立在广义薪酬基础上,打破了内在报酬和外在报酬、经济性报酬和非经济性报酬、长期报酬和短期报酬的界限,为薪酬管理实践提供了系统、完整、行之有效的理论框架。

第二节 薪酬管理概述

一、薪酬管理的定义

从定义上,薪酬管理是对员工薪酬的支付标准、发放水平、要素结构等进行确定、分配和调整的管理过程。薪酬管理是价值分配环节,是员工激励的重要构成,直接影响员工态度和行为,影响组织竞争优势。

从个体层面而言,根据马斯洛需要层次理论,薪酬管理可以满足个体生存、地位和尊重等缺失需要,也可以满足公平公正、自我实现等发展需要。从组织层面而言,薪酬管理具有人力资本投资和人工成本控制作用,帮助组织吸引和保留优秀人才,以及控制组织人工成本。从社会层面而言,薪酬管理有利于平衡社会各阶层和团体的利益诉求,有利于促进经济发展和收入提升。总的来说,薪酬管理最终目标是建立公平合理的回报体系,让员工形成"绩效优异—更多回报—绩效更优"的稳定心理预期,引导员工淡化对薪酬分配的关注,将注意力聚焦于工作质量和产出等方面。

二、薪酬管理的内容

薪酬管理是人力资源管理的重要决策,与其他人力资源管理职能存在密切联系,彼此影响,主要决策内容包括以下方面。

第一,薪酬体系决策。薪酬体系决策包括两方面:一是薪酬体系构成,主要指薪酬包括哪些方面,即各薪酬项目在总薪酬的构成情况。二是基本薪酬决定方式,即基本薪酬取决于什么、由什么决定,包括职位薪酬体系、技能薪酬体系和能力薪酬体系等。其中,职位薪酬体系以所从事岗位和工作的价值和贡献为基础,以职位价值为导向,通过职位评价确定。

技能薪酬体系和能力薪酬体系以员工具备的知识技能水平和胜任素质为基础,以人为导向,通过技能分析和能力分析确定。

第二,薪酬水平决策。薪酬水平是指组织、部门和职位的平均薪酬水平,反映薪酬外部竞争性。薪酬水平分为绝对水平和相对水平两方面。其中,相对水平需结合绝对水平和劳动效率分析,更能反映薪酬成本的实际状况。薪酬水平决策需要在成本控制和维持薪酬竞争力上取得平衡。薪酬水平决策受到竞争对手薪酬水平、薪酬支付能力、薪酬水平策略、物价指数、工会力量等因素影响。

第三,薪酬结构决策。薪酬结构是组织内部基本薪酬等级数量以及相邻薪酬等级的薪酬差距。薪酬结构反映组织对职位价值或技能价值的评价和认可,保证薪酬内部公平性。合理的薪酬结构,保证薪酬内部公平,给员工提供薪酬增长空间。在薪酬结构中,需保持合理薪酬差距,差距过大或过小均会导致不公平。

第四,薪酬形式决策。薪酬形式是计量劳动的方式,包括计时工资和计件工资两种。计时工资按照单位时间工资标准和工作时间进行支付。常见做法是,按照特定薪酬体系为个体或岗位确定薪酬等级,在此基础上,确定单位时间薪酬标准,再按照实际工作时间计付工资,如小时工资制、日工资制、月工资制和年薪制等。计件工资按照合格产品数量或完成的工作量,按计件单价支付。计件工资将劳动报酬和成果直接联系,能反映工作效率和质量差异。

第五,薪酬管理制度决策。其涉及薪酬预算、薪酬控制、薪酬参与、薪酬沟通、薪酬保密、薪酬诊断、薪酬调整等相关管理制度,需确保员工对薪酬管理体系的程序公平感知。

三、薪酬管理的原则

通过薪酬管理明确谁创造了价值、创造了多少价值、分配多少价值、如何分配价值等问题。薪酬管理原则受到组织战略和人力资源战略影响,是组织经营理念、文化和价值观的直接体现,包括以下方面。

第一,公平。根据社会比较理论,个体愿意与处境相似的他人进行比较,公平是主观比较的结果。在组织中,社会比较包括纵向、横向两方面。根据约翰·斯塔西·亚当斯(John Stacey Adams)的公平理论,员工通过评价自己的收益与投入比例,以及与他人的收益和投入比例是否相等,判断是否被公平对待。如果员工感到薪酬分配缺乏公平,会减少工作投入,甚至离开组织,因此,公平是薪酬管理的首要原则。公平性包括:①外部公平。反映与劳动力市场类似职位的可比性,薪酬水平需具有一定的外部竞争性。②内部公平。不同职位的薪酬是否正比于贡献和价值,具有较高的内部一致性。③个人公平。薪酬水平与个人贡献和绩效是否一致。④程序公平。薪酬决策是否通过合理、公正、公开的程序制定,员工是否参与,是否获得员工接受与认同。⑤结果公平。分配结果是否符合员工期望和要求。

第二,合法。合法原则是指薪酬管理是否符合法律法规,保证员工权益,减少劳动纠纷，维护组织形象。相关法律法规包括最低工资保障制度、工资支付保障制度、工时和休息日规定、劳动保障法规、同工同酬法规、工资集体协商制度法规、劳动合同法规、反歧视工资立法、工资指导线制度等。总的来说，相关法律法规是薪酬管理实践需要遵守和不可逾越的底线。

第三，激励。根据心理契约理论，提供具有激励性的薪酬是重要的雇主责任，员工也需展现工作能力和业绩以履行雇员义务。

第四，有效。有效性是薪酬管理对组织战略和人力资源管理战略的支持程度和一致性程度。通过薪酬管理实现组织目标，提升工作效率，改善员工能力和行为，提升产品和服务质量，完善人工成本控制状况等。

第五，经济。通过薪酬预算控制薪酬总额，保证组织利润合理积累。此外，劳动力资源过剩或配置过高，导致薪酬成本浪费，需要准确评价员工的价值和贡献，实现劳动力价值平衡。

四、薪酬管理的步骤和流程

程序公平是公平性的重要方面，需要管理者按照科学、合理、公开的程序和步骤开展薪酬管理，才能保证结果公平。其具体步骤包括以下方面。

第一，工作分析。工作分析是人力资源管理的基础，为其他人力资源管理职能提供决策依据。工作分析具有不同导向，如薪酬管理导向、培训管理导向、绩效管理导向、招募甄选导向等，不同导向的工作分析在信息收集方面存在差异。薪酬管理导向的工作分析主要收集与职位评价和能力评价相关的信息，包括工作目的与职责、工作权限、决策层次、职责复杂性、工作环境与条件、任职资格等。相关信息需与薪酬要素（compensable factors）或能力模块相对应，以保证职位评价和能力评价客观公正。

第二，职位评价。职位评价是设计职位薪酬体系必不可少的环节，评价对象是职位，评价目的是确定职位价值。职位评价是选择合适的薪酬要素，评价和确定职位相对价值，形成合理的职位结构，根据职位评价结果，参考劳动力市场薪酬水平，确定职位薪酬。薪酬要素包括工作职责、技能要求、组织贡献、组织文化以及外部市场水平等。

第三，员工能力评估。能力评估主要适用于技能或能力薪酬体系，是根据技能等级模块、技能组合模块或胜任力模型，对员工知识、技能和能力进行评价和定价，根据员工达到的能力水平程度支付相应技能或能力薪酬。能力评估对象是员工个体，其假定是能力越强的员工，绩效水平越高。

第四，薪酬调查。劳动力市场决定薪酬下限水平，产品市场决定薪酬上限水平。薪酬调查是针对市场上不同企业（尤其是主要竞争对手）的薪酬水平，通过薪酬数据收集、统计和分析，准确反映市场薪酬水平状况，为薪酬水平决策提供依据。通过薪酬调查，将组织薪酬数据与市场数据对比，定位和调整薪酬水平。

第五，薪酬体系设计与薪酬结构设计。薪酬体系明确基本薪酬的支付依据，包括职位薪酬体系、技能薪酬体系和能力薪酬体系等，三者确定基本薪酬的标准和依据存在差别。薪酬结构是组织内部不同职位（或不同技能等级）的薪酬水平分布形态，合理的薪酬结构可以保证内部公平性。

第六，薪酬系统实施和控制。分析薪酬体系运行过程中出现的问题，并分析原因，制定相应对策进行控制，包括薪酬预算、成本控制、薪酬沟通、薪酬诊断与薪酬调整等。

第三节 战略性薪酬管理

一、战略性薪酬管理的定义

薪酬战略（即战略性薪酬管理）是组织根据外部环境和内部条件制定的战略性薪酬决策，是组织关于未来存续与发展的相关薪酬分配活动的目标、方针、策略等具有全局性和根本性的战略规划。薪酬战略是与公司战略相匹配的薪酬战略决策，与组织战略具有一致的方向和目标，是组织战略的重要构成。

薪酬战略与组织战略之间存在着"企业愿景/目标—公司战略—竞争战略—人力资源战略—薪酬战略—薪酬管理系统"的逻辑链条。其中，企业愿景/目标和公司战略主要解决"组织应该进入哪些业务和地理领域""组织应具有哪些核心竞争优势""组织目标是什么"等长远问题，竞争战略主要解决"在这些领域如何建立竞争优势""如何竞争取胜"等问题，人力资源战略主要解决"从人力资源管理角度如何支持公司战略和竞争战略"的问题，薪酬战略则主要解决"薪酬管理如何支持人力资源战略"的问题。通过上述逻辑链条，薪酬战略通过影响员工态度和行为，最终影响组织战略实现和组织竞争优势构建。薪酬战略与组织战略的关系如图 4-1 所示。

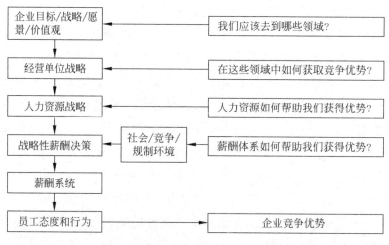

图 4-1 薪酬战略与组织战略的关系

二、战略性薪酬管理的特征

战略性薪酬管理是薪酬管理与组织战略紧密结合,根据组织战略和竞争战略确立人力资源战略,作出战略性薪酬管理决策。薪酬战略从三个方面促进组织战略:①通过设计高效的薪酬管理体系,帮助组织有效地控制劳动力成本,保持成本竞争优势。②通过制定具有市场竞争力的薪酬体系,帮助组织吸纳和保留核心人才,使企业获得、维持核心优势。③通过制定具有内部公平性的薪酬体系,有效激励员工,引导员工行为与组织目标一致。战略性薪酬管理具有以下特点。

第一,战略性。组织战略可以分为:①公司战略,包括确定组织目标、行业/地域选择和建立核心竞争优势等。②竞争战略,即各事业部应对市场竞争、获得竞争优势所采取的策略。根据迈克尔·波特(Michael Porter)的竞争战略理论,竞争战略包括成本领先、差异化和集中化三种类型。③职能战略,包括职能部门的战略目标选择和战略设计,如人力资源战略、生产运作战略等。薪酬战略是人力资源战略的重要组成,其作用体现在纵向一致性和横向一致性两方面。纵向一致性是薪酬战略对组织战略、竞争战略和人力资源战略的支持作用,横向一致性是指薪酬战略与其他人力资源管理职能的协调性和匹配性。

第二,引导性。在战略性薪酬体系中,薪酬不仅是对员工贡献和付出的补偿,也是连接组织和员工的重要纽带。组织通过薪酬制度表达组织期望和要求,促使员工明确哪些产出、素质和行为对组织是有价值的,将组织愿景、战略目标、价值观传递给员工。此外,在高环境动态性情况下,组织具有较强的变革和创新需求,通过薪酬管理引导员工表现更多主动性和适应性的变革行为。

第三,激励性。激励是通过外部或内部、物质或精神刺激,引导员工个体目标与组织目标一致。对与组织期望一致的工作结果和行为给予激励;反之,则进行约束。此外,通过薪酬制度吸引、激励和保留战略性人力资源,也是人力资源战略的重要目标。

三、战略性薪酬管理模式

薪酬战略具有纵向一致性,因此,在不同的组织战略和竞争战略情况下,需采取不同的薪酬战略。

(一)基于竞争战略的薪酬战略

(1)成本领先战略。成本领先战略重视生产效率,主张用最少人力获得最多成果,在薪酬总额一定的情况下,雇用精简的高效率员工节约人工成本。在实施成本领先战略的企业中,一般分工较细、职责明确,学习曲线效应较为明显,重视系统控制和工作要求,因此,多实行与员工技能等级相联系的基本薪酬,并辅之以相关的培训体系,鼓励员工沿着固定的职业通道不断提升技能和绩效。在薪酬水平方面,关注竞争对手,采取市场追随政策控制薪酬成本。在薪酬构成方面,浮动薪酬占比较高,并与绩效联系,有利于控制成本和提升效率。

(2)创新战略。创新战略是以产品服务创新和缩短产品生命周期为导向的竞争战略,关键成功因素是新产品开发、技术创新和管理创新等。在薪酬管理方面,视薪酬为投资,重视奖励创新行为,通过股权或创新分成等长期激励方式,让员工参与分享创新收益。在薪酬水平方面,采取市场领先政策,吸引和保留具有创新能力、勇于承担风险的创新人才。创新工作多采用团队工作方式,工作职责保持灵活性,员工需主动适应不同的工作环境和任务,常采用宽带薪酬以鼓励员工转换职业发展通道。

(3)客户中心战略。客户中心战略是通过提升产品和服务质量满足客户期望、提升客户满意度,以获得优势的竞争战略。薪酬战略侧重于引导员工表现出提升客户满意度和忠诚度的结果和行为,如奖励员工在产品(服务)质量、效率、时间等方面的创新和改进;重视顾客权利,将薪酬与客户评价相联系,客户和订单具有更大评价权重,而不是仅由上级进行评价。

(4)集中化战略。集中化战略是经营单一产品或服务,或者针对特定细分市场的竞争战略。集中化战略需要某些特定领域的专业技术积累作为战略性资源,并领先竞争对手,因此,通过薪酬战略获取与优势相关的战略核心人才最为关键,如针对与组织优势联系的专业技术人员或管理人员支付领先薪酬;既重视员工当前绩效,也着眼未来发展,注重员工能力培养和提升,采用基于技术、能力的薪酬体系等。

(二)组织不同发展阶段的薪酬战略

组织处于不同发展阶段,外部环境和内部条件存在差别,在组织结构、目标和文化等方面也会作出相应改变,需采取相应的薪酬策略。

(1)成长战略。成长期组织强调创新以及新市场开发和获得,通过薪酬管理,鼓励员工创新和市场开拓,因此,多采用高弹性的薪酬模式,浮动薪酬占比较高。此外,初创组织存在高不确定性,对员工而言,机遇和风险并存,组织应与员工共享成功、共担风险,如实行长期奖金或股权计划,追求长期回报。

(2)稳定战略。稳定期组织的经营环境和市场状况均较为稳定,产品和技术方面较为成熟,薪酬管理目标侧重于吸引和维持一支稳定、高效、掌握熟练劳动技能的员工队伍,以稳定和安全为主,因此,需根据薪酬管理目标,平衡薪酬内部一致性和外部竞争力关系。此时期,薪酬管理注重连续性、规范性、稳定性和公平性,不过于强调风险分担。

(3)收缩战略。收缩期组织创新不足、盈利下降,多发生裁员、资产剥离以及破产清算等。在此阶段,常见做法是精简人力,降低人工成本,将员工收入与企业经营绩效挂钩,传递市场压力和危机感,共担损益风险。在薪酬水平方面,采用低于市场水平的基本薪酬,实行标准福利水平,采取适当刺激与鼓励措施,并直接与成本控制相联系。

(三) 基于不同企业文化的薪酬战略

金·S.卡梅隆(Kim S.Cameron)和罗伯特·奎恩(Robert Quinn)按照关注内部或外部、关注控制性或灵活性两个标准，将组织文化划分为官僚文化、团队文化、市场文化和活力文化四种类型。其中，官僚文化重视组织内部、重视控制性，团队文化重视组织内部、重视灵活性，市场文化重视组织外部、重视控制性，活力文化重视组织外部、重视灵活性。在不同的企业文化中，薪酬战略具有不同特征。

(1) 官僚文化。官僚文化采用科层式结构，权力距离大，通过正式结构、制度和流程加强控制，员工以服从为主。在薪酬管理方面，通过正式的职位评价实行职位薪酬体系。薪酬增长条件，一是职位晋升，鼓励员工沿着某单一职业发展通道晋升和成长；二是在某一薪酬等级内，根据员工贡献、年资、绩效等因素，在区间范围内获得增长。在福利管理方面，根据职位等级体现一定的差异性。

(2) 团队文化。团队文化采取团队工作方式，团队具有共同目标，成员分工更灵活，往往承担多种不同的职责或角色。在薪酬管理方面，由于职责和角色灵活性，职位评价作用下降，能力评价作用更有效，因此，技能或能力薪酬更适用。另外，采用团队激励制度，不过于强调个人绩效奖励，鼓励成员相互协作，而不是彼此过度竞争。

(3) 市场文化。市场文化关注外部客户需求和期望满足，对内部也强调控制，以保证产品或服务达到甚至超出标准和要求。在薪酬管理方面，强调将绩效与薪酬紧密联系，在奖励计划方面，注重挑战性目标以及客户满意度，鼓励员工表现出达到和超出客户期望的能力与行为。

(4) 活力文化。活力文化强调创新和变革以适应迅速变化的外部环境，薪酬管理目的是激励员工创新能力和行为。在薪酬管理方面，主要关注外部，强调具有竞争力的薪酬水平策略，将薪酬与创新能力和行为相联系。实行能力薪酬，而不是职位薪酬，鼓励员工承担多种不同职责以及转换职业发展通道。

四、战略性薪酬管理与传统薪酬管理比较

20世纪90年代以后，传统薪酬管理的弊端逐渐显现，未能对组织战略形成有效支持，反而阻碍企业发展，需要构建战略性薪酬管理以弥补不足。两者差异包括以下方面。

(1) 基本假设存在差异。传统薪酬管理基于控制型人力资源战略，以经济人假设为出发点，将组织与员工视为简单利益关系，强调控制和约束。战略性薪酬管理基于承诺型人力资源战略，将员工视为组织最重要的资源，以社会人和自我实现人假设为出发点，同时关注组织目标和个人目标，重视管理伦理和人本主义。

(2) 管理理念存在差异。传统薪酬管理将薪酬视为成本，与利润存在此消彼长关系，主张控制薪酬成本保证利润最大化。战略性薪酬管理将薪酬视为引致员工表现出组织期望

行为的诱因,是长期人力资本投资,期待员工价值和贡献。

(3) 管理目标存在差异。传统薪酬管理采取与市场持平的报酬水平,以利润最大化作为单一目标,关注生产率、市场占有率等可量化的管理目标。战略性薪酬管理具有多元目标导向,关注结果目标和过程目标、个人目标和组织目标、短期目标和长期目标、财务目标和非财务目标等之间的均衡性。

(4) 适用情景存在差异。传统薪酬管理对强调稳定性、一致性的组织较适用,难以适应强调流程、速度和柔性的组织以及跨职能流程和团队工作方式、扁平化组织结构变革、强调敏捷性和响应速度等管理情景。战略性薪酬管理强调对组织战略和变革的支持作用,对应对复杂、动态的外部环境具有更强适应性。

(5) 理论基础存在差异。传统薪酬管理基于期望理论和强化理论,注重短期激励、即期激励和个体激励,与组织绩效、团队绩效和长期绩效缺乏联系。战略性薪酬管理基于委托代理理论,重视引导员工行为,注重长期激励和团队激励,将组织目标与个体目标有效结合,保证组织战略目标实现。

即 测 即 练

第五章

职位薪酬体系

本章学习目标

1. 职位薪酬的定义、特点、程序和步骤；
2. 职位评价理论基础；
3. 职位评价的定义、作用、类型、方法；
4. 职位评价与市场定价结合。

引例

环欧公司通过职位评价解决内部公平问题

环欧公司成立于2000年,是一家中小型国有控股的高新技术企业,拥有50余年的半导体晶体生产及晶片加工生产历史和专业经验。公司经营的产品全部由公司独立开发和生产,拥有20余项国家授权专利,拥有半导体及太阳能两大类产品,在国内同行业中处于领先位置。

环欧公司管理部门职位评价工作由公司人力资源部负责,该部门未设置从事职位评价工作的专职岗位和人员,由薪酬管理岗位人员兼职负责。公司自2000年成立以来,一直未系统地开展职位评价工作,仍停留在凭经验确定岗位相对价值的阶段,管理部门各岗位价值的确定往往先依据各部门主要领导的评价意见,然后再由人力资源部进行横向协调。组织结构及岗位的设置也主要依靠经验,在企业成立之初参考了同类企业的设置模式,岗位说明书主要包括任职条件和工作职责等,内容也比较简单。在公司运营初期,企业及人员规模较小,该种管理模式还能够适应企业的发展,但随着企业规模不断地扩大,公司对人力资源管理的科学化、专业化要求不断提高,经验性判断已经不能满足企业规模化经营的要求,凭经验设置的管理岗位开始出现忙闲不均的情况,并且岗位职责变化比较快,也造成了员工对个人所从事的岗位职责不清晰,员工对自己承担的岗位职责与工资水平、付出与所得的对称性等存在质疑,满意度降低。同时,环欧公司作为一家高新技术企业,员工学历普遍较高,并且年轻的管理人员已经逐步成为企业发展的中坚力量,这些员工往往在关注所在岗位的工作职责及薪酬水平的同时,也越来越关注个人成就感及个人价值的实现,更加注重通过岗位获得职业发展,他们希望获得公平的个人价值判断,想要通过个人能力的提升达到更高岗位的要求。因此,公司员工希望开展职位评价工作,提高岗位价值评估的科学性和合理性，使个人价值得到认可。企业也希望通过职位评价的开展，解决内部公平性问题，提升员工满意度，提高工作效率。

资料来源：赵春蕾. 环欧公司管理部门的职位评价工作改进方案研究[D]. 天津：天津财经大学，2017.

第一节 职位薪酬

一、职位薪酬的定义

职位薪酬是基于对职位价值客观评价，根据职位评价结果给予对应报酬的基本薪酬制度。职位薪酬以职位为基础，对岗不对人，即员工承担什么职位，就得到何种水平的薪酬。其理论假设是：职位价值等同于任职者价值，职位价值越大，任职者价值越大，薪酬水平越高。

职位薪酬的理论基础是工资差别理论，亚当·斯密（Adam Smith）认为造成工人之间工资差别的原因有两大类：一是政府工资政策影响劳动力市场供求关系；二是不同岗位的任职资格、工作环境、工作负荷等职业性质存在差异。此外，泰勒也主张对不同工作进行分析和评价，并根据评价结果给予不同报酬水平。

职位薪酬适用条件包括：第一，经营环境稳定，职责具有明确化、规范化和标准化特征。第二，组织结构和职位结构较为稳定。第三，具有按照个体能力和绩效，公平地进行人员配置的管理机制。第四，科层制组织结构，等级较多且森严，分工明确，各司其职，强调内部控制与约束。

二、职位薪酬体系的特点

职位薪酬应用较为广泛，虽然根据职位价值确定薪酬，其做法较为公平，但与此同时，也缺乏灵活性和适应性。其特点包括以下几方面。

第一，薪酬与职位价值相联系。职位薪酬与职位相联系，根据薪酬要素评价职位价值，根据职位价值确定职位薪酬。职位薪酬较少考虑人的因素，以及个体在能力、动机、绩效、任职年限等方面的差异，因此，相同岗位实行相同的薪酬，容易导致不公平。另外，职位薪酬要求保证人员配置公平性，否则将降低其有效性。

第二，有利于提升内部公平性。职位薪酬真正实现同工同酬和按劳分配。此外，根据职位价值支付报酬，容易获得员工接受和认可，提升对薪酬的公平感知。此外，职位评价比能力评价更直接、客观、公正，容易达成一致。值得注意的是，相同职位的员工的绩效可能不同，完全按职位支付薪酬难以保证公平，需要结合其他薪酬支付标准共同衡量。

第三，鼓励员工晋升和成长。在职位薪酬体系下，获得薪酬增长的唯一方式是晋升到更高职位，晋升和基本薪酬之间的连带性将引导员工提升自身能力以获得晋升。组织需为员工提供充分的职业发展通道，否则将导致"玻璃天花板"效应。

第四，缺乏弹性和灵活性。职位薪酬引导员工表现出有利于职位晋升的行为，不鼓励员工横向流动和保持灵活性；鼓励员工在同一职位族范围内从事内容固定的工作，不支持员工从事具有创新性的新工作或任务，或者转换新的职位族，因此，不利于应对复杂多变的经营环境，不利于人员的弹性配置。

三、职位薪酬体系的程序和步骤

薪酬管理流程是程序公平和结果公平的重要保证，提升员工对职位薪酬的接受度和公平感知。其程序和步骤如下。

第一，工作分析。工作分析目的包括单一用途和多用途两种类型，首先需要明确工作分析目的，结合薪酬要素收集信息，为职位评价提供依据。具体就职位薪酬而言，通过工作分析应确定职位目的与职责、工作范围、职责复杂程度、职位在组织中的位置及决策层次、工作环境与条件、任职资格等。

第二，职位评价。职位评价是基于工作分析，根据薪酬要素，采用量化或非量化的方式，确定职位价值和职位结构。职位没有绝对价值，只有相对价值，职位价值是相对其他职位或标准而言。职位评价方法包括两类：一是职位与职位比较，即对被评价职位进行排序。二是职位与标准比较，即采用结构化的职位评价工具进行评价，根据评价结果进行职位比较。

第三，薪酬调查。通过薪酬调查，了解劳动力市场类似岗位的薪酬支付情况，结合现行的薪酬水平策略，为确定职位薪酬水平提供依据。

第四，确定职位结构。首先确定职位等级数量，然后根据职位评价结果，将评价结果（包括评价等级或评价点值）相近的职位归为同一等级，建立职位结构，职位结构是职位薪酬结构的基础。

第五，确定职位薪酬结构。根据职位评价点值以及市场薪酬调查数据，通过回归分析拟合得到薪酬政策线。确定薪酬等级、区间中值、中值级差、薪酬变动范围、薪酬变动幅度等，形成职位薪酬结构。

第二节 职位评价

一、职位评价的定义

斯密最早提出职位评价思想，指出工资影响因素包括五方面：业务的难易程度和工作环境；学习业务的难易程度、经济付出；业务稳定性；赋予的责任大小；胜任职务的可能性大小。泰勒也强调，管理者需要对各种工作进行科学分析，选择有能力的员工来履行工作责任。

职位评价是薪酬管理的重要技术，是对职位价值以及组织贡献度进行评价，并根据评价结果和市场薪酬状况，确定不同职位的基本薪酬水平。在本质上，职位评价是对职位相对价值排序，目的是建立公平、合理的职位结构及其薪酬结构，保证薪酬内部一致性和外部公平性。

职位评价基本假设包括：第一，根据职位对组织目标的贡献支付薪酬是符合逻辑的。第二，基于员工所承担职位的相对价值确定报酬，员工感到公平，容易接受和认可。第三，组织通过维持基于相对价值的职位结构，鼓励员工通过提升绩效和能力以获得晋升，同时实现组织目标和个人目标。

二、职位评价与市场定价

关于如何确定职位薪酬的问题，存在两种不同看法：一种认为应通过职位评价确定职位价值，另一种则认为应参考市场水平确定职位薪酬。职位评价和市场定价的侧重点不同，前者关注内部价值平衡，后者关注外部价值平衡，需将两者结合以保证公平。

（一）市场定价

市场定价理论假设是，职位价值应由劳动者在劳动力市场的供求关系决定，取决于市场价值，而不是职位内在价值。20世纪90年代以来，面对日益激烈的市场竞争、人才竞争加剧以及人员流动性增大等趋势，许多组织开始主张市场定价，放弃传统职位评价，根据组织战略、行业属性、组织规模等，确定薪酬水平策略，通过薪酬调查了解劳动力市场水平，在此基础上确定职位薪酬。

相对于传统职位评价，市场定价的优点包括：第一，具有外部公平性。职位评价更多考虑内部公平，市场定价更侧重于外部公平。相对于笼统、抽象和主观的职位评价，薪酬调查数据更客观、直接，更具可比性。第二，适应激烈的人才竞争要求。市场定价具有灵活性、适应性和动态性，适应劳动力市场供求关系变化。第三，管理过程简便。职位评价需要设计较复杂的评价工具，包括薪酬要素、要素指标和要素权重等，评价过程需要控制各种误差。在薪酬数据真实、全面的前提下，采用市场定价更简便。尤其是在网络信息社会，获取薪酬数据更为便利，信息来源渠道更多元，信息传递更高效，特别是公开数据信息的获取成本低。第四，具有动态、快速、灵活的特点。日益激烈的市场竞争、组织结构调整、工作职责变化以及团队化工作方式等均导致复杂的内部职位评价缺乏效率和适应性。市场定价对外部薪酬定价具有高度敏感性，可以更迅速、灵活、动态地为薪酬调整提供依据。

与此同时，市场定价也存在缺点，包括：第一，可比性问题。调查样本选择是市场定价的关键环节,被调查企业在组织战略、价值观、行业性质、组织规模、员工素质等方面存在差异,导致可比性下降。另外,市场定价无法结合企业和岗位的具体情况,容易造成评价偏差。第二,成本问题。频繁地获得市场薪酬数据的成本较高,尤其与商业调查机构合作。由于涉及员工切身利益,频繁调整薪酬水平会产生较高的管理成本,引发员工抵触心理。因此,需要在薪酬调查带来的决策收益以及调查成本之间作出权衡。第三,非典型职位问题。对组织中工作内容确定、岗位人数较多的典型职位而言,市场定价具有较高决策参考价值,但某些人力资本专用性较高的非典型职位难以获得调查数据,市场定价适用性较低。

(二)职位评价与市场定价相结合

传统职位评价方法具有较高的信度、效度,在以往理论和实践中均得到证实,因此,完全抛弃职位评价是不可取的。正确做法是将两者有效结合,具体是:第一,根据组织战略、竞争战略和人力资源战略,确定薪酬要素体系。第二,根据薪酬要素体系进行职位评价和排序,并进行市场薪酬调查。第三,将组织职位薪酬与市场进行比较。将职位分为两种类型,一类是具有可比较性的职位,即薪酬水平与竞争对手基本持平,一类是不具比较性的职位,即薪酬水平显著高于或低于竞争对手,存在明显差异。第四,确定薪酬结构。在确定组织薪酬结构时,先确定具有可比较性的职位。针对那些不具有可比性的岗位,尤其是那些重要的关键岗位,在与可比性岗位比较的基础上,允许其选择一些较灵活、附加的薪酬要素,考虑与市场薪酬水平衔接。通过将职位评价导向和市场定价导向相结合,同时保证内部一致性和外部公平性。

三、职位评价的作用

职位评价是职位薪酬决策的重要环节和依据。如果缺乏职位评价环节,职位薪酬就是随意、主观、缺乏程序公平性的。其作用包括以下方面。

第一,保证内部公平。职位评价基于职位相对价值确定报酬,员工会感到公平。通过建立一致认同的、客观公正的职位评价体系,能减少自我服务偏差、组织政治、人情因素等导致的误差,降低和减少员工对薪酬差距的不满与争端。此外,通过职位评价提高程序公平性,为管理者与工会组织的薪酬谈判提供依据。

第二,促进组织目标实现。通过职位评价,那些重要、复杂、压力大、工作环境差的岗位能获得更多回报,激励员工主动承担职责,改善员工行为态度,有利于实现组织目标。

第三,传递组织期望和引导员工行为。通过职位评价向员工表明,组织重视工作的哪些方面,哪些方面有助于组织成功,哪些方面会获得更多补偿,使员工清楚职位薪酬要素中哪些是有价值的,为何有价值,有多少价值,从而引导员工的工作结果和行为。

第四,员工激励作用。职位评价考虑岗位所需的知识和能力,促进员工个人发展。晋升或转换到更重要职位,需要员工具有更高的业绩和素质,促进员工具有更强的工作动机和晋升动力。此外,职位评价强调对工作投入和努力、工作环境和条件的补偿,鼓励员工选择那些压力大、任务繁重、工作环境艰苦的工作,有利于人员配置。

四、职位评价的原则

职位评价是主观判断和客观分析的结合,既体现程序和结果公平,也要保证对组织战略和目标的支持作用。其主要原则包括以下方面。

第一,可比性。相同职位族的职位,在工作目的、工作职责、任职资格、工作环境等方面具有更多共同特征,具有较高可比性,因此,科学、合理的职位管理是职位评价的基础,需按照相似性原则对职位进行分类评价,避免某一薪酬要素对某些职位有利,而对其他职位不利的情况。

第二,对岗不对人。职位评价对象是职位,而不是任职者。即使存在能岗不匹配情况,也不能根据个体绩效和能力状况代替职位评价结果,从而导致评价误差。此外,不能对岗位或个体掺杂个人好恶、人情关系、组织政治等因素,否则将影响评价公正性。

第三,员工参与。职位评价是管理者与员工形成对职位价值共同认识的过程。员工参与评价过程,组织传递对员工在职责承担、能力素质、绩效标准等方面的期望和要求,员工更容易认同和接受。此外,职位评价应是集体决策的结果,需要成立由专业的、对工作熟悉的成员所构成的职位评价组织,以避免个体决策偏差。

第四,透明性。在评价过程中,评价目的、评价标准、薪酬要素、要素权重、评价程序和评价结果需向员工公开,保持透明性以避免"暗箱操作"。允许员工对评价结果进行申诉,加强沟通,使员工了解、参与评价,从而认同评价。上述做法有利于员工对组织价值取向达成理解和认同,明确自身努力方向。

第五,可接受。职位评价应着眼于称职的、可接受的工作表现,而并非卓越或不称职的工作表现,因此,职位评价标准不宜过高或过低,否则会导致严厉化或宽松化的评价偏差。

五、职位评价方法

总的来说,职位评价方法包括两大类:一是通过职位之间比较进行;二是通过评价工具和评价标准进行。根据评价标准,职位评价分为定性评价和定量评价两类。其中,定性评价是从整体上综合地确定职位价值,包括排序法和职位分类法。定量评价则是通过事先设计的薪酬要素的等级尺度量表,确定职位价值,包括要素计点法和要素比较法。以往研究表明,虽然不同评价方法具有各自特点,但仍具有较强的互换性和替代性。具体方法包括以下几种。

(一)排序法

排序法是最简单的职位评价方法,通过对薪酬要素或整体职位价值进行比较,确定职位等级和等级序列。排序法分为直接排序法、交替排序法和配对排序法等。其具体步骤包括:对职位进行分类,划分不同职位族;通过工作分析,获取职位信息;选择数量较少的薪酬要素进行排序,或根据整体情况进行排序;综合排序结果。

通过排序法将所有测评人员的意见加总后,综合分析多人的排序结果。举例:甲、乙、丙3人对7个岗位进行评价排序,对结果进行整理分析,如表5-1所示。

表 5-1 直接排序法

岗　　位	A	B	C	D	E	F	G
甲评定结果	1	3	4	2	5	6	7
乙评定结果	2	1	4	3	—	5	—
丙评定结果	1	—	2	3	6	4	5
评判序数总和	4	4	10	8	11	15	12
参加评价人数	3	2	3	3	2	3	2
平均序数	1.3	2	3.3	2.67	5.5	5	6
岗位相对价值次序	1	2	4	3	6	5	7

排序法简单易行,适用于职位数量较少的情况。其缺点是:比较主观,容易受人情关系等因素影响,员工接受度较低;评价者的价值判断差异大,评价结果难以统一,导致评价者信度较低;由于只是进行整体评价,无法准确反映职位价值差异的原因,反馈性较低。

(二)职位分类法

职位分类法是根据特定薪酬要素,确定职位类别等级,参考职位内容和特征,将被评估的职位归入合适的职位等级。其具体步骤包括:确定职位类别;确定合适的职位等级数量,明确定义各类别职位的等级标准;根据职务说明书,将被评价岗位与各职位等级标准进行比较,将被评价岗位定位和归类到对应职位等级;确定职位结构和职位薪酬。

在职位分类法中,职位等级数量和职位等级标准是最为关键的两方面。其中,职位等级数量取决于工作性质、组织规模、组织结构等。简单工作的等级数量较少,反之则较多。组织规模越大,等级数量越多,反之则越少。科层制结构等级数量较多,扁平化结构等级数量较少。职位等级标准是归类于本等级的职位所承担的责任性质、工作复杂程度、任职资格等的具体特征描述。明确薪酬要素的定义是准确评价的前提,需要就薪酬要素进行准确定义和说明,薪酬要素包括职责内容、所承担的责任、技术要求、智力要求、所接受的指导和监督、所需要的培训和经验等。在确定薪酬等级标准过程中,薪酬要素内涵不能重叠,否则将出现重复评价的情况,另外,等级之间需具有明显的区分度,否则将影响职位归类。

职位分类法比较简单、成本较低,适合组织规模小的情况。相对于排序法,职位分类法更准确和客观。要特别注意的是,职位等级标准应明确、具体,否则将导致偏差。另外,同时对不同职位族的岗位进行评价,也容易产生误差。

(三) 要素计点法

要素计点法是使用最广泛的量化评价技术,也是较复杂的评价方法,首先,确定所有职位的通用薪酬要素,并根据薪酬要素定义、尺度和分配权重,建立评价标准。然后依据评价标准,进行职位评价,通过加权求和,汇总评价点值,按照评价点值对职位排序,建立职位等级结构。要素计点法包括薪酬要素、要素权重、要素等级和衡量尺度等。

要素计点法程序和步骤包括:第一,划分职位族。根据工作目标和性质的差异,划分职位族。一般情况下,采用通用薪酬要素对不同职位族进行评价,避免某些薪酬要素只适用于部分职位族而造成的歧视,以保证一致性和公平性。第二,收集环境、行业、组织和岗位相关信息。相关宏观信息和微观信息与职位评价存在直接或间接关系,可以明确组织竞争优势与职位的关系密切程度。第三,确定薪酬要素。薪酬要素的选择可以参考成熟的理论框架,其中,较常见薪酬要素包括责任、技能、努力以及工作环境与条件等。第四,确定薪酬要素的等级数量以及界定各等级水平。等级数量反映被评价职位在该薪酬要素上的差异程度。等级水平应清晰、明确,易于评价者理解和使用。第五,确定各薪酬要素权重。权重是各薪酬要素在职位价值中所占比重,权重大小取决于职位性质和特征。如针对管理者,责任维度权重较大;针对基层员工,技能和工作环境条件维度权重较大。第六,评价职位。根据职务说明书对基准职位进行评价,然后参照基准职位比较和评价其他非基准职位。第七,建立职位等级结构。将评价点值相近的职位归为同一职位等级,形成职位结构。

要素计点法具有以下优点:第一,明确指出职位价值基础,强调为组织创造价值的薪酬要素,支持组织战略和强化组织文化。第二,采用量化方法使得职位评价更精确和公平,员工易于接受,具有较强的反馈性。第三,通过评价点值表示不同岗位价值,增强可比性。第四,适用于岗位工作内容和性质比较稳定的组织。其缺点是:职位评价方案设计和应用耗费时间长,成本较高;在薪酬要素选择和定义、等级说明以及权重分配等方面存在主观性。

(四) 要素比较法

要素比较法是一种较为精确和系统的量化职位评价技术,是在选定典型职位和薪酬要素基础上,将典型职位按薪酬要素制成薪酬要素比较表,以此为尺度确定其他岗位的职位工资。要素比较法是排序法的改进,两者差异在于,排序法是整体地对岗位比较和排序,要素比较法则是根据薪酬要素进行评价和排序,包括智力、技能、体力、责任、工作条件等。要素比较法的步骤包括:获取职位信息,确定薪酬要素;选择典型职位;针对各薪酬要素进行典型职位排序;将典型职位的工资按照评价要素进行分解分配(权重分配);建立典型职位薪酬要素工资比较表,对其他职位进行比较;汇总比较结果,即获得职位薪酬水平。

要素比较法的优点包括:较为客观和准确,适用于规模大的组织,将外部薪酬调查与职位评价相结合,同时保证内部公平和外部公平。其缺点在于：评价过程较复杂,如工资在各薪酬要素的分配额度、按照薪酬要素进行职位排序、职位在各薪酬要素的工资定位等,均是复杂和关键问题。另外,基准职位工资水平与外部劳动力市场不具有可比性时,要素比较结果将失去参考意义,需要重新调整。

各种职位评价方法具有不同特点和适用条件,无法简单评价孰优孰劣。在评价方法选择上,需遵循合理原则、可接受原则、成本-效益原则等。各种方法特点如表5-2所示。

表5-2 不同职位评价方法比较

特 点	排 序 法	职位分类法	要素计点法	要素比较法
客观性	差	差	高	高
精确性	低	低—中	中—高	中—高
信度	低	中等	中—高	中—高
自我辩护性	差	差—中	中—高	中—高
管理负担	轻	轻	中	中
沟通难易	容易	容易	较容易	较容易
操作成本	低	低—中	中—高	中—高
复杂性	简单	较简单	较复杂	复杂
组织适应性	强	强	强	强

六、薪酬要素

（一）薪酬要素的定义及构成

薪酬要素是被组织认定为具有重要价值的工作特征,这些工作特征是组织决定给予报酬的依据。1950年,国际劳工组织在日内瓦会议上提出职位评价的四项薪酬要素,分别是劳动条件、劳动强度、劳动责任、劳动技能,后来发展成为通用的薪酬要素。常见的薪酬要素包括责任、技能与知识、努力程度、工作环境与条件等。其中,责任是组织对员工按照要求完成工作的依赖程度,强调职责重要性,包括决策权、控制的组织范围、失败损失、工作风险等。技能与知识是完成职位工作所需具备的知识、能力、经验以及需要接受的培训和教育等,包括专业知识、教育水平、专门培训、工作资历、人际能力、组织能力等。努力程度是完成职位工作所需付出体力或脑力程度以及承担的工作压力,包括任务多样性、任务复杂性、思考创造性、分析性问题解决、技能体力运用和获得协助的程度等。工作环境与条件是员工所从事工作的职业伤害性以及物理环境条件,包括工作潜在伤害、他人伤害威胁、特定运动神经或注意力集中、工作不舒适感、暴露性或肮脏程度等。

（二）薪酬要素选择原则

薪酬要素选择是职位评价的重要环节,表明组织从哪些方面衡量职位价值,决定了职位评价的准确性和全面性，需考虑以下方面。

第一，以组织战略和价值观为基础。薪酬要素应有助于实现组织战略目标，起到强化和巩固组织文化与价值观的作用，涵盖组织愿意支付报酬、与职位要求相关的主要内容。

第二，对被评价职位具有普遍适用性。薪酬要素需适用于被评价的所有职位或某一职位族的所有职位，只适用于小部分职位的薪酬要素会导致评价偏差，引发争议和质疑。如工作环境与条件作为薪酬要素，对生产人员较适合，但对管理人员则不适用。

第三，薪酬要素与职位价值具有因果关系，与职位职责密切相关。薪酬要素需反映职位价值，取舍标准为是否与组织目标存在联系。

第四，薪酬要素需清晰界定和衡量。评价者对于薪酬要素存在不同的认知，需对薪酬要素进行准确定义，评价者才可以取得一致的评价结果，具有较高的评价者信度。

第五，易于管理。过多薪酬要素需要收集大量数据和信息，加大评价者负担，造成信息过载的问题。过少薪酬要素则无法全面反映职位价值。管理者需在两者之间进行平衡。

第六，避免出现交叉和重叠的情况，以避免职位价值重复评价。薪酬要素应相互独立，具有区分性，如果内涵重复，则会出现重复评价的问题，导致过于强调某些因素，引起不公平。

第三节 其他常用职位评价方法

一、海氏职位评价

海氏职位评价又称合益职位评价，由美国薪酬专家艾德华·海（Edward Hay）于1951年提出，该方法有效解决了不同职能部门、层级的职位价值量化问题，具有广泛的接受度。海氏职位评价将工作视为"投入—转换—产出"过程，在此视角下，将薪酬要素分为知识技能（投入）、解决问题能力（转换）和职位责任（产出）三个维度，各薪酬要素由不同的子要素构成。在海氏职位评价的框架中，薪酬要素分别是：①知识技能。知识技能是胜任工作所必需的专业知识和技能总和，包括专业知识技能、管理范围、人际技能等。②解决问题能力。解决问题能力是在工作中进行分析、评估、创造、推理和决策等所运用的思维能力，包括思维环境和思维难度等。思维环境是特定环境对任职者思维的限制程度。思维难度是在解决问题时对创造性思维的要求程度。③职位责任。职位责任是任职者对行动及其产生的后果所应承担的责任，包括行动自由度、职位影响范围、职位对结果的影响等。行动自由度是职位能对工作进行指导和控制的程度。职位影响范围指职位所涉及的金额大小。职位对结果的影响指任职者的工作行为对工作结果造成的影响。海氏职位评价根据上述三个薪酬要素及各子要素，形成了相关等级和分值，形成成熟的评价工具开展职位评价，具体如表5-3所示。

表 5-3　海氏职位评价构成

要　素	构　成
知识技能	专业知识(基本职业性—绝对权威性,共 8 级)、管理范围(不需要—全局的,共 5 级)、人际技巧(正常接触—最大限度地理解、选择、发展和激励他人,共 3 级)
解决问题能力	思考环境(高度常规性的—抽象规定,共 8 级)、思考挑战性(重复性—无先例的,共 5 级)
职位责任	行动自由度(严格规定的—总体无指导的,共 9 级)、影响范围(微小的—主要的,共 4 级)、影响性质(非常小的—大的,共 4 级)

海氏职位评价根据薪酬要素通用因素,衡量输入(需要的知识、技能和能力)、转换(处理输入以取得结果)和输出(达成预期成果)来评价岗位。职位评价分值=(知识技能分值+解决问题分值)+责任分值,其中,解决问题分值=知识技能分值×相应比例。

根据评价结果,海氏职位评价提出职位状态构成的不同类型,职位状态取决于知识技能和解决问题能力的分值之和与责任分值的构成比例关系。根据职位状态,将职位分为上山型、下山型和平路型三种类型。上山型职位的知识技能和解决问题能力分值低于责任分值,如 40%+60%,如总经理、部门经理等管理人员职位。下山型职位的知识技能和解决问题能力分值高于责任分值,如 70%+30%,如研发、生产等专业技术人员职位。平路型职位的知识技能和解决问题能力分值与责任分值基本持平,如 50%+50%,如财务等行政事务人员职位。

二、美世职位评价

美世管理咨询公司的国际职位评价系统(International Position Evaluation)是通行的职位评价系统之一,该评价系统于 20 世纪 70—80 年代最早由国际资源管理咨询集团提出,该公司后被美世管理咨询公司并购,该方法得到进一步改进和推广。

美世职位评价是典型的要素计点法,适用于海外分支机构较多的国际型企业。在美世职位评价的框架下,薪酬要素分为工作影响、沟通、创新和知识等因素。其中,工作影响是职位在其职责范围内、操作中所具有的影响性质和范围,包括组织规模、影响层次、职位贡献三个维度。沟通是职位所需要的沟通技巧和性质,包括沟通性质和沟通情境两个维度。创新是对职位期望的创新水平以及创新复杂程度,包括创新要求和创新复杂性两个维度。知识是工作中为达到目标和创造价值所需要的知识水平,知识获得可能是通过正规教育或工作经验,包括团队角色、应用宽度和知识要求三个维度。美世职位评价构成如表 5-4 所示。

表 5-4　美世职位评价构成

薪酬要素		评　价
工作影响	组织规模	根据机构类别、经济规模、企业员工人数等确定
	影响层次	交付性、操作性、战术性、战略性、远见性
	职位贡献	有限、部分、直接、显著、首要

续表

薪酬要素		评价
沟通	沟通性质	传达、交互和交流、影响、谈判、战略性谈判
	沟通情境	内部共享、外部共享、内部分歧、外部分歧
创新	创新要求	跟从、核查、改进、提升、创造/概念化、科学的/技术的突破
	创新复杂性	明确的、困难的、复合的、多维的
知识	团队角色	团队成员、团队领导、多团队经理
	应用宽度	本地、洲际、全球
	知识要求	有限的工作知识、基本的工作知识、宽泛的工作知识、专业知识、宽广的职能领域知识

即 测 即 练

第六章

薪酬结构

本章学习目标
1. 薪酬结构的定义、作用、构成；
2. 薪酬结构设计步骤与程序；
3. 宽带薪酬设计。

引例

悬殊的高管高薪，现实及冲突

关于高管高薪，一直备受社会关注和争议，因为收入是敏感话题。高管究竟应不应该获得高薪，或者拿多少为宜，不会以舆论为转移。作为上市公司，按正常公司治理制度，也一定会进行程序化。上市公司内部会有薪酬与绩效委员会，这个委员会将按照规定，对高管层进行业绩评定，然后进行薪酬分配。因此，即使出现高管高薪，也是公司的正当行为。只是，高管高薪一旦被"排名"，就比较容易成为舆情。舆情放大之后，争议也必然出现：为什么这家公司的某些高管会获得令人无法想象的薪酬？那么，高管薪酬究竟应该拿多少才算合理？按照德鲁克的说法，如果高管对比员工薪酬超过20倍门槛，将会导致员工士气下滑和不满增加。这意味着，公司高管薪酬水平需要被限定在员工薪酬20倍以内。然而，现实并非如此。

在薪酬制度设计中，我们接受了欧美企业的高管薪酬激励模式，认为高管通过领导力以及业绩表现创造了公司机会和成长，理应给予诸如高薪、奖励、股权等丰厚的报酬，但回报是需要上限的，"20倍"之后，则可能引发管理经济的交叉冲突。

实际上，薪酬差距蕴含着经济逻辑。以美国企业高管薪酬水平为例。根据美国最大工会组织劳联-产联（AFL-CIO）的报告，标普500成分股公司CEO 2021年的薪酬平均为1 830万美元，是员工薪酬中值的324倍。报告表示，CEO阶层和普通员工之间巨大的薪酬差距，可能因失控的通货膨胀而变得更糟。事实上，根据经济政策研究所（Economic Policy Institute）的数据，美国最低工资的实际价值正处于1956年以来最低点。劳联-产联的报告指出，尽管部分高管表示，工人工资是物价上涨的部分原因，但经通胀调整后，2022年工人的实际工资下降了2.4%。与此同时，CEO们的薪酬增长了18.2%。"2021年，标普500指数成分股公司CEO与员工的平均薪酬比率为324∶1。而在2020年，这一比例为299∶1。2019年，这一比例为264∶1"。劳联-产联表示，在疫情期间，CEO和员工的薪酬比率上升了 23%。他们的解决办法不是通过提高工资与控制商品和服务的价格来投资于他们的劳动力，而是从价格上涨中获得创纪录的利润，并导致经济衰退，让工薪阶层失去工作。

根据该报告，CEO 与员工薪酬比率最高的公司包括亚马逊、Expedia、麦当劳和 TJX。其中，亚马逊 CEO 与员工薪酬比为 6 474∶1，是标普 500 成分股中最高的，该公司员工的薪酬中值为 32 855 美元，而 CEO 安迪·贾西 2022 年的总薪酬为 2.127 亿美元。进入 2023 年，根据美国有线电视新闻网（CNN）3 月 20 日的报道，亚马逊宣布将裁员 9 000 人，而在早些时候，该公司为削减成本已经宣布将裁员 1.8 万人。也许某家企业存在高管超高薪酬事件，不足以影响社会及经济，但如果是超大企业或大部分企业发生高管与员工的高薪酬比，则必然给经济社会带来影响。

资料来源：左秦. 悬殊的高管高薪，现实及冲突[J]. 经理人，2023(7)：66-67.

第一节　薪酬结构基本概念

一、薪酬结构的定义及作用

薪酬结构是根据职位价值或技能水平，在不同职位或技能等级员工之间薪酬水平的设计，反映不同职位（或技能水平）薪酬水平的比较关系，薪酬结构是内部一致性和外部竞争性之间平衡的结果。内部一致性是组织内部不同职位或技能等级之间的相对价值比较关系，比较关系可以是横向或纵向的。薪酬结构具有以下作用。

第一，保证内部一致性和外部竞争性。薪酬结构反映岗位价值和技能价值，基于价值和贡献的薪酬差异体现内部公平性。与此同时，薪酬结构也参考市场薪酬，重视市场价值，否则只强调内部公平性，会导致对外缺乏竞争力；相反，一味强调外部竞争力，会导致薪酬结构无法反映职位价值。

第二，强化和巩固组织价值观。薪酬结构反映组织最重视的工作职责和人员素质，这些工作职责与人员素质对组织目标具有重要作用，因此，薪酬结构对组织战略具有支持作用。此外，组织价值观需通过激励措施予以强化，薪酬对员工行为具有最直接、明显的引导作用，因此，适当、合理的薪酬差异可以体现和巩固组织价值观。

第三，激励作用。不同的职位或技能等级对应不同基本薪酬等级，可提供员工薪酬成长空间，具有较强激励作用。提供管理和专业技术两条不同的职业发展通道作为选择，鼓励具有领导能力的专业技术员工成为管理者，也鼓励员工在专业技术领域不断深化。

二、薪酬结构内容

（一）薪酬政策线

薪酬政策线表明各岗位相对价值与市场薪酬之间的关系，是薪酬结构的直观体现。通过职位评价确定职位结构,但各职位的薪酬水平仍需参考市场薪酬,薪酬政策线是将职位价值与市场薪酬结合的管理工具。薪酬政策线的横轴(自变量 X)是职位评价结果,一般以职位评价点值表示,纵轴(因变量 Y)是市场薪酬数据,对自变量和因变量进行回归分析,拟合得到的回归曲线即为薪酬政策线。从类型上来看,薪酬政策线分为线性或非线性的、阶梯式和区间式等类型。

通过薪酬政策线,可以根据市场薪酬和职位评价点值,预测某岗位的职位薪酬水平。实际薪酬有可能偏离薪酬政策线,但偏离并不意味着不合理,需要根据薪酬水平策略进行判断。一般而言,如果采用市场追随政策,则需要提高位于薪酬政策线以下岗位的薪酬水平,而位于薪酬政策线以上岗位的薪酬水平则应减缓或停止增长。

此外,管理者可根据薪酬调查取得的平均工资水平、领先工资水平和滞后工资水平分别构建回归方程,绘制不同水平的薪酬政策线,再与实际薪酬水平进行比较。上述做法对分析薪酬水平市场定位具有重要的参考价值。

(二)薪酬等级数量

薪酬等级数量表明薪酬结构由多少个等级构成,可以反映薪酬差距状况。薪酬等级数量与以下因素相关:①企业规模、性质及组织结构。企业规模越大,等级数量越多;反之则越少。科层制结构的等级数量较多,扁平化结构的等级数量较少。②工作复杂程度。工作复杂程度越高,说明需要更多人力资本投资,个体需要更多工作投入,员工绩效差异越大,因此,等级数量较多;反之,薪酬等级较少。③薪酬级差。在最高薪酬区间和最低薪酬区间中位值确定的情况下,薪酬等级数量与薪酬级差呈反比关系,即级差越大,等级数量越少。④企业文化。个人主义文化强调差异性和个人价值,主张较多等级数量。集体主义文化强调一致性和团队关系,主张较少等级数量。在权力距离较大的情况下,员工接受权力和利益的不平等分配,等级数量较多;相反,在权力距离较小的情况下,员工更倾向平等,薪酬等级较少。

通过职位评价或技能评价,将职位价值或技能要求相似的岗位或员工归为同一薪酬等级。相同薪酬等级员工得到水平一致的薪酬。薪酬等级数量应控制在合理水平,如果薪酬等级太少,相对价值差异很大的岗位支付相同报酬,会导致分配不公,员工缺乏薪酬增长空间。如果薪酬等级过多,差异很小的工作的报酬也存在差别,也会导致不公平,增加管理成本。

(三)薪酬级差

薪酬级差是相邻两个薪酬等级区间中值的差额,可用绝对额、百分比或比值等表示。薪酬级差反映不同薪酬等级的薪酬差异,如果薪酬差异过小,承担复杂工作的员工会感到未被充分补偿。如果薪酬差异过大,从事简单工作的员工也会感到不公平,容易引发对立情绪。

与薪酬级差类似的还有薪酬差额倍数概念,是指整个薪酬结构中最高薪酬等级与最低薪酬等级的区间中值比值。在薪酬总额既定情况下,差额倍数需要考虑以下因素:第一,最高等级劳动与最低等级劳动复杂程度差别。如果复杂程度差别较小,则差额倍数应较小;反之,则较大。第二,政府对最低工资水平以及薪酬差距的相关规定。最低工资立法是最低薪酬等级薪酬水平的下限。此外,政府针对某些行业或性质的企业,明确了薪酬差距的最大倍数,以避免收入差距过大。第三,市场可比工资率。薪酬调查为薪酬差额倍数提供参考依据,以避免产生与绩效、能力或贡献无关的无效薪酬差距。第四,企业薪酬支付能力和薪酬结构。企业薪酬支付能力强,会提高关键核心员工的薪酬水平,薪酬差异较大;反之,则较小。第五,科技发展状况对劳动差别的影响。科技发展导致生产要素的生产效率产生变化,会影响薪酬差异程度。

(四)薪酬区间

薪酬区间是某一薪酬等级内部允许薪酬变动的最大幅度,即同一薪酬等级内最高工资与最低工资的差距。薪酬区间中值是区间最高工资与最低工资的平均值。一般而言,区间最低工资代表在该薪酬等级内完全没有工作经验、具有最低任职资格员工的薪酬水平。区间最高工资代表具有丰富工作经验和最高任职资格员工的薪酬水平。区间中值是具有平均熟练程度和劳动能力员工达到工作绩效标准时的薪酬水平。总的来说,薪酬区间反映出员工从完全没有经验发展到能够胜任工作,再发展到表现优良绩效过程中,薪酬水平的调整和变化,具体情况如表 6-1 所示。

表 6-1 薪酬区间不同阶段

一个薪酬区间	区间内的分区	各分区水平与任职者特征的对应
	上限	这是在一个薪酬区间内员工可获得的最高薪酬水平,此类员工应是企业内部与业内具有最高绩效水平的员工,仅有极少数员工可获得
	上1/4区	这是对一贯实现卓越绩效水平的员工的付薪水平
	中上1/4区	这是对长期任职且一贯实现卓越与优秀绩效水平的员工的付薪水平
	中间值	这是对现任在职员工通过相当一段时间的实践经验积累,完全胜任职位时的付薪水平。新员工起薪如高于中间值,需特别说明
	中下1/4区	这是对能够熟练履行职位职责的现任在职员工的付薪水平,或者对来自类似背景、具有直接适用经验的新员工的付薪水平
	下1/4区	这是对新招募员工或新晋升员工的付薪水平。这些员工一般具有最低任职资格所需的教育与技能水平,但通常需要经过一定的培训与发展,才能完全胜任新职位
	下限	这是对没有相关工作经验的员工的付薪水平。在一般情况下,这是对具有最低任职资格员工付薪的最低水平

一般而言,职位价值低的岗位,薪酬区间较小;相反,职位价值高的岗位,薪酬区间较大。其原因在于:第一,对于高职位价值的工作而言,任职者工作绩效差异相对较大,组织对其绩效依赖性更高。采用较大的薪酬区间,促使任职者表现出高绩效。对低职位价值的工作而言,任职者工作绩效差异较小,组织对其绩效依赖性较低,采用较小的薪酬区间更为合适。第二,由于组织结构呈现金字塔形态,因此,高职位价值的工作岗位的晋升空间较小,需通过较大的薪酬区间以补偿晋升受限带来的损失。第三,职位价值大的岗位任职者为获得岗位任职资格,需要更多人力资本投资,通过更大薪酬区间范围可以弥补。除此之外,薪酬区间与企业文化也相关,在绩效导向的企业文化中,薪酬区间较大。在平均主义的企业文化中,薪酬区间较小。

(五)薪酬区间重叠

相邻薪酬区间会出现交叉和重叠的情况,即低薪酬等级的最高薪酬可能高于高薪酬等级的最低薪酬。区间重叠并不是必需的,取决于以下因素:第一,职位价值差异。职位评价点值差异越大,重叠程度越小,甚至不重叠。职位评价点值差异越小,重叠程度越大。第二,薪酬增长依据。在薪酬区间内依据绩效或年资等增长薪酬,如果以年资为依据,为使在某一薪酬等级长期工作的员工不断获得增长,薪酬区间范围比较大,相邻薪酬等级重叠程度较大。

总的来说,薪酬等级、薪酬级差、薪酬区间范围、薪酬区间重叠等相互影响和作用,任何某方面的变化都影响其他方面。如薪酬级差较大,则薪酬等级较少。如薪酬等级较少,则薪酬区间重叠较少。如薪酬区间范围较大,则薪酬区间重叠较多。

第二节 薪酬结构设计

一、薪酬结构设计程序和步骤

(一)根据职位评价点值对职位排序和分级

通过职位评价获得评价点值或等级,考虑到管理便利性,在剔除异常值情况下,将评价点值按照降序或升序排列,并将职位价值相近的岗位划为同一薪酬等级,获得职位结构。

(二)根据职位评价点值确定职位等级数量及点值变动范围

将职位评价最大值和最小值作为变动范围,再根据职位等级数量,计算各薪酬等级的点值变动范围。总的来说,职位等级数量越多,点值变动范围越小;反之,则越大。通过确定各薪酬等级的点值变动范围,相近评价点值的职位可以归为同一薪酬等级。

（三）进行薪酬调查

为保证组织薪酬与市场薪酬具有可比性，需要进行市场薪酬调查，调查内容既包括同行业或地区的薪酬水平，也包括其他企业的薪酬结构，以供参考。此外，需要对内部员工进行薪酬调查，了解员工对薪酬差距、薪酬水平、薪酬增长标准等方面的评价和看法。

（四）拟合薪酬政策线

薪酬政策线反映职位评价与市场薪酬之间的关系，是将职位评价与市场薪酬调查相结合的统计工具。将职位评价点值（自变量 X）与市场工资率（因变量 Y）拟合为回归方程，表示为 $Y=a+bX$，通过分析薪酬政策线，对组织薪酬进行诊断。实际薪酬水平明显高于或低于薪酬政策线的预测值，如果是企业薪酬水平策略或其他特殊因素导致，这种偏差是正常的、可接受的。与此同时，也可能存在系统偏差，原因可能是：第一，调查中存在匹配度较低的情况，如企业基本情况、职责、职级、任职资格等存在显著差异，导致薪酬调查数据不准确。第二，调查样本缺乏代表性。所选取样本均为高工资或低工资的群体，未能有效涵盖总体。第三，职位评价存在显著偏差。过高评价低价值职位，会导致预测值高于实际值。相反，过低评价高价值职位，会导致预测值低于实际值。

（五）确定薪酬等级的区间中值、中值极差和薪酬区间，建立薪酬结构

确定薪酬区间需先确定区间中值。一般而言，区间中值依据薪酬政策线确定，代表市场薪酬水平，表明员工能够胜任工作所获得的薪酬水平。中值极差是不同薪酬等级中值的差距。中值极差可以是线性的或非线性的、等比例的或不等比例的，需要视组织文化、员工职位（能力）价值差异等因素而定。

薪酬区间是各薪酬等级内最低薪酬到最高薪酬的变动幅度，是处于相同职位等级的不同员工获得薪酬的范围，根据区间中值和区间变动范围可以确定区间的最高薪酬和最低薪酬。同一薪酬等级具有相同薪酬水平，但是相同职位的员工对组织贡献和价值的大小，除了受职位本身价值影响，员工个人能力、经验、努力程度、绩效水平等也存在影响。因此，需要在建立薪酬等级以及确定区间中值之后，为每个薪酬等级设计合理的薪酬区间，薪酬区间反映了企业针对某一特定职位，支付给不同绩效、经验、能力、年资员工的薪酬合理差距。

二、宽带薪酬设计

（一）宽带薪酬定义

宽带薪酬由美国薪酬管理专家艾德华·海提出。宽带薪酬是对多个薪酬等级以及薪酬变动范围重新组合成相对较少的薪酬等级和较宽的薪酬变动范围。一般而言，宽带薪酬

变动范围可以达到200%～300%,而传统薪酬结构变动范围仅为40%～50%。宽带薪酬的"带"指薪资等级,是将原来薪酬各不相同的多个职位和职级归类与压缩为一个职级,使得宽带薪酬职位等级减少,同时拓宽每个职级薪酬变动范围,使得在岗位职级不变的情况下薪酬随着能力、业绩提升而大幅提高,激励作用显著增强。传统薪酬和宽带薪酬如图6-1和图6-2所示。

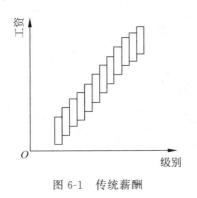

图6-1 传统薪酬

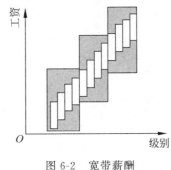

图6-2 宽带薪酬

(二)宽带薪酬的特点及作用

第一,支撑企业进行组织结构变革。自上而下的科层制组织结构容易导致官僚主义,无法迅速、动态地对环境变化作出反应,扁平化组织结构通过增加授权和提升工作自主性,减少信息垂直传递,增加信息水平传递,能对市场机会迅速作出反应,逐渐被更多企业选择和认可。扁平化组织结构通过减少管理等级,将更多职位压缩和合并到有限的等级数量之中,必然要求减少薪酬等级数量、扩大薪酬变动范围,更适合采用宽带薪酬。

第二,有利于员工在不同职业发展通道转换。传统薪酬管理鼓励员工沿着特定职业发展通道不断积累经验以获得晋升,不鼓励员工转换工作族或岗位,员工更愿意做自己熟悉的工作,避免承担不胜任的新工作。宽带薪酬将处于不同薪酬等级的岗位合并为同一等级,突破专业界限并削弱等级意识,员工横向流动障碍减少,员工可以自由地转换职业发展通道、掌握多种劳动技能。

第三,鼓励员工提升劳动技能和工作绩效。在扁平化组织中,职位晋升机会比较少,员工将个人注意力集中于职位晋升,尤其是通过组织政治方式获得晋升。实行宽带薪酬,职位晋升不再是获得薪酬增长的唯一方式,员工通过工作能力提升和绩效改善同样可以获得薪酬增长,有利于实现组织目标,也可以破除官本位意识。

(三)宽带薪酬适用条件

宽带薪酬需要与组织战略、结构和文化相适应。首先,鼓励创新、差异化的组织多采用投资式或参与式人力资源战略,强调人力资源投资,员工被赋予比较广泛的工作职责,鼓励员工参与决策,员工具有较大的工作自主权,注重团队建设。实行宽带薪酬,可以打破部门、职能和岗位之间的壁垒,员工可以结合组织需要和个人特点自主选择工作机会。其次,宽带薪酬要求建立强调学习、创新和绩效的文化氛围,而不是单纯强调资历、资格、职位。总的来说,宽带薪酬在无边界组织、强调低专业化、多职能工作、跨部门流程、强调工作技能以及团队工作为主要形态的组织中更为适用。

即 测 即 练

第七章

技能薪酬体系

本章学习目标

1. 技能薪酬的定义、特征；
2. 实施技能薪酬的前提条件；
3. 技能薪酬体系设计；
4. 技能分析与技能模块。

惠景花木场的技能工资

惠景花木场成立已有10年，位于惠州市惠东县平山镇，花木业务众多，为了使年底业绩再创新高，以领先同行的工资招聘更多优秀员工。在花木行业，优秀的花木相关技能型人才更具有核心竞争力，能为企业创造更多利润。同时，技能是衡量优秀员工的标准之一，因此，技能薪酬成为技能员工工资的重要构成。

该花木场的技能岗位包括种花技师、销售护理员两类，因此，针对这两类岗位进行技能确定和定价。种花技师的技能模块如下：一级（学徒级）：只会种植普通样式的花卉；对花的色彩搭配一般，设计出的花篮款式一般；对日常的花卉管理不熟悉；不懂得花卉的本质特征。二级（熟练级）：会种植大部分样式的花卉；对花的色彩搭配有自己的见解且样式深受广大客户喜爱；对日常花卉和特殊花卉管理熟悉；比较懂得花卉的本质特征；运用各种花卉完成绿化项目。三级（专家级）：会种植各种样式的花卉；对花的颜色有自己独特的见解且样式深受广大客户喜爱；对日常花卉和特殊花卉的管理非常了解及熟悉；十分了解各种花卉的本质特征；带领工人运用各种花卉完成室外绿化项目；对花卉的病毒有所了解。

销售护理员的技能模块如下：一级（学徒级）：扮演不同角色，能处理客人的一般问题；能顺利地把花卉销售到客户手里；用护理液和花肥对花卉护理；二级（熟练级）：扮演不同角色，能处理客人出现的各种问题；能比较顺利地把花卉销售到客户手里，并使客人感到开心实惠；有效地解决客人不同的问题，与客人的沟通十分融洽；能按照自己的日常销售计划完成日常销售额；三级（专家级）：有极强的沟通技能与客户进行沟通，并销售出大量的花卉；有高效的管理技能，以及娴熟的花卉、员工管理技能；有极强的观察能力，能瞬间观察出客人的需求,并成功销售;对业务进行分析,懂得具体花卉品种的需求量。

技能具体定价如下:一级的种植技能、设计技能、销售技能小时工资依次为5元、5元、10元(通用技能工资已经包括在相应等级的技能价格之中);二级技能小时工资依次为7元、7元、14元;三级技能小时工资依次为9元、9元、18元。

资料来源:吕佩玲,王磊.员工技能薪酬体系的设计——以惠景花木场员工为例[J].人力资源开发,2020(12):51-52.

第一节 技能薪酬

一、技能薪酬的定义

社会化分工发展,工作专业化程度不断提高,要求员工具有某个领域专门的知识技能。与此同时,外部环境变化导致工作职责迅速变动,以及团队工作方式要求员工掌握多个领域的工作知识,以胜任不同职责和角色。在这种情况下,提升员工专业化技能和素质成为薪酬管理的重要目标,为知识、技能和能力付酬成为薪酬管理的重要方式。此外,如果单纯按照职位价值确定薪酬,由于相同岗位的工作内容和性质具有相似性,无法体现个体差异,因此,将能力评价与职位评价相结合,是更公平的分配方式。同时,由于工作职责动态化、工作内容丰富化、工作方式团队化等,传统职位评价方法无法适应组织结构和岗位特征变化。在这种情况下,技能和能力评价成为可选择的替代方式。

在定义上,技能薪酬是根据员工掌握的与职位有关的知识、技能和能力的深度与广度支付薪酬的制度。不同薪酬制度具有不同特点,职位薪酬更关注工作过程,主张"在其位,得其酬",比较刻板、僵化。绩效薪酬更关注结果,主张多劳多得,具有较强的功利性和交易性。技能(能力)薪酬更关注工作输入,主张能者多得,较为灵活。相较而言,技能薪酬与员工能力紧密联系,关注个人发展、自我实现以及胜任需要,体现人本主义的管理理念。技能薪酬的基本假设是:员工个体具有自我实现需要和胜任需要,能力越强,报酬越高,会促进员工不断提升工作能力,进而提升绩效。

技能薪酬的理论基础是人力资本理论和劳动边际生产力理论。根据人力资本理论,人力资本由人力资本投资形成,包括医疗保健、教育培训、迁移等,是蕴含于劳动者的各种知识、技能总和。人力资本投资过程是劳动者技能增加和积累的过程,技能工资是对人力资本投资的补偿和回报。此外,根据劳动边际生产力理论,如果要素和产品市场是竞争市场,则厂商将雇用工人,直至其工资率等于劳动力边际价值或边际产量收益,因此,劳动能力强的工人,其劳动力边际价值或边际产量收益将更高,从而工资率也更高。

技能薪酬适用条件包括：第一，环境动态性大、不确定性高、高度依赖创新的组织。处于高易变性、高不确定性、高复杂性和高模糊性经营环境中的组织，需要通过技术创新和管理创新获得生存与发展，要求员工具有较强的创新能力和变革能力。第二，组织与员工具有良好心理契约。技能是生产力的潜在形式，如果要转化为真实生产力，需要组织与员工形成互惠的合作关系，这是技能薪酬发挥作用的心理基础。第三，工作能力是影响绩效的主要因素。绩效差异主要取决于知识和能力积累与运用程度，而不是工作态度或环境，具有不同能力水平的员工存在显著绩效差异，工作能力可以转化为工作结果。

二、技能薪酬的特征

能力/技能薪酬基于道格拉斯·麦格雷戈（Douglas McGregor）的Y理论，即员工喜欢工作，勇于承担责任和挑战自己。在这种情况下，员工具有工作能力，就会产生好的工作结果。技能薪酬的特征包括以下几方面。

第一，以人为基础的薪酬模式。职位薪酬以职位价值为基础，如果能岗不匹配，会导致不公平。技能薪酬以任职者能力为基础，能力是最有效的工作绩效预测因素，因此，从这个角度而言，技能薪酬更公平。

第二，适应组织变革需要。根据组织核心竞争优势，确定组织能力，在此基础上，通过技能薪酬制度，引导个体能力的培养和吸引，以支持组织能力和竞争优势。此外，技能薪酬提升员工胜任素质，有利于实现雇佣柔性和技能柔性，促进组织变革和流程再造。

第三，促进专业本位主义。个体通过提高专业技能，也可以获得丰厚报酬，使员工关注专业能力积累和发展，安心于专业工作，避免去争夺有限的管理职位。

第四，降低组织成本和提升顾客价值创造能力。员工能力素质直接影响劳动效率，减少工作错误，从而降低组织成本。与此同时，高素质员工群体也将降低组织管理成本，有利于组织结构扁平化。此外，员工能力决定工作质量，工作质量影响顾客价值，进而影响顾客满意度。

三、实施技能薪酬的前提条件

有效实施技能薪酬需要满足前提条件，否则无法实现管理目的。其前提条件如下。

第一，建立与技能/能力薪酬体系相适应的培训体系。对员工提出能力要求和期望，需同时提供各种促进个人发展的支持和资源，其中，培训即是重要的发展资源。培训不仅促进个人发展，也可以提升员工对技能薪酬接受程度。

第二,将技能转化为生产效率。如果员工不愿或无法将劳动技能运用到实际工作中,将导致人工成本和技能资源的双重消耗,因此,需要建立良好的雇佣关系,促进员工将技能转化为实际绩效。此外,还需要创造技能运用的情景和条件,鼓励员工将新的或有用的劳动技能运用于实际工作。

第三,技能薪酬成本控制。在绩效薪酬中,由于个体绩效存在波动性,因此,成本控制相对容易,这与技能变化规律存在明显差别。在个体保持学习的前提下,技能变化是单向的,随着学习及经验积累不断增长。随着技能增长,薪酬水平会相应递增,强化了技能工资刚性。此外,技能工资增长、技能培训、胜任素质管理等,都使实施技能薪酬在成本控制方面变得较为困难。

第二节 技能薪酬体系设计

一、技能薪酬设计程序和步骤

技能和能力是重要的个性心理特征,对其进行评价和定价需要遵循科学的程序和步骤,具体包括以下方面。

(一)技能分析

总的来说,技能分析出发点包括组织战略、工作职责及能力差距等。首先,基于战略管理的资源理论,根据组织战略要求,明确组织的核心能力和关键成功领域,在此基础上,确定员工所需胜任素质和行为,以及哪些制度与措施可以产生上述胜任素质和行为。其次,结合工作任务和职责对某项工作所需知识技能进行分析,通过工作分析,将工作任务按照重要程度和复杂程度进行评价与排序,在此基础上根据工作任务,尤其是那些重要性高和复杂性高的工作任务,分析所需的知识、技能和能力。最后,根据绩效差距,分析员工的能力素质与任职资格或胜任素质之间的差距,以确立哪些能力需要提升。总的来说,技能分析主要解决"为哪些技能付酬"的问题,是决定技能薪酬有效性的重要环节。

(二)确定技能模块

技能模块是技能评价的标准,如果缺乏标准,能力评价将是笼统、主观、不精确的。根据技能分析结果,按照技能对组织目标的贡献和价值、技能培养的投入程度、技能难易程度等标准,从低到高划分为不同技能等级或组合,由此确定技能等级模块和技能组合模块。总的来说,确定技能模块主要解决"如何确定技能评价标准"的问题。

（三）技能定价

技能定价可确定各技能模块价值和薪酬水平。技能定价参考以下因素：第一，操作失误导致的损失。如财务、质量、市场等的损失。第二，对工作任务的贡献度。技能对完成重要工作的必要性和贡献度。第三，工作对一般能力的要求。如理解、记忆、分析和推理等。第四，工作或操作水平和监督责任等。如工作所需的广度和深度技能以及管理能力等。技能定价的原则是，任职者只有具备完成岗位职责所需技能，才能获得该职位的市场平均薪酬，如果不足，则低于该水平；反之，则高于该水平。总的来说，技能定价主要解决"不同技能等级对应多少薪酬"的问题。

（四）技能管理

技能管理包括技能认证、技能培训等。其中，技能认证是根据员工实际工作表现和能力水平，评价和认证其处于何种技能等级。由于技能标准较为抽象，需要制定技能审核和认证的程序与制度，评价和验证员工技能。技能认证包括认证者、认证所包含的技能水平以及员工证明具备某种技能水平的方式。认证者包括内部认证和外部认证两方面，内部认证通过专门的内部认证委员会进行，为保证客观公正，认证委员会应由上级、同事、下级、客户以及该领域的专家等构成。认证形式包括工作业绩、工作样本测试、客户和他人评价、工作行为观察、考试和面试、评价中心等。认证过程需要员工提供准确、真实的信息和事实以证明自身能力水平，评价主体则需全方位、多角度地收集相关评价信息。外部认证则通过大学、商业组织或政府部门组织的考试和认证项目进行，优点是客观、公正，具有权威性，但也存在认证技能与实际工作脱节的情况。此外，由于知识和技能具有时效性，因此，为了确保员工维持技能水平，需要进行阶段性资格再认证。技能认证主要解决"员工技能水平达到何种程度"的问题。

技能培训是根据员工培训需求和技能模块，旨在提升员工技能的管理活动。技能培训是技能薪酬的重要组成部分，培训提升员工技能，员工技能与薪酬联系，可以鼓励员工参与培训。首先，需要在任务分析基础上进行技能分析，通过技能评价明确技能水平存在的差距与不足，从而确定培训需求。在实际工作中，许多组织按照贡献和作用不同，将技能分为基础技能、核心技能和可选择技能等类型，员工一旦通过技能认证，可以获得更高技能等级。其次，制订技能培训计划，包括为什么培训、对谁进行培训、培训什么、由谁来培训、什么时间培训、什么方式培训、以什么成本培训等。最后，确定技能培训方式，包括在职培训、内部培训、导师计划、工作轮换、拓展训练、网络课程培训等。总的来说，技能培训帮助员工掌握更多深度技能和广度技能，促进组织目标实现和个人发展，为实施技能薪酬提供支持。技能培训主要解决"如何让员工获得相关技能"的问题。

技能薪酬体系设计如图 7-1 所示。

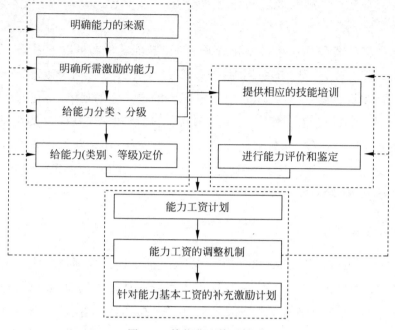

图 7-1 技能薪酬体系设计

二、技能分类与技能模块

（一）技能分类

技能是通过练习而获得的动作方式和动作系统，表现为动作执行的经验。能力是人们完成某种活动所必备的个性心理特征，影响活动效率和效果。知识、技能和能力提升是从少到多、从易到难、从生疏到熟练、从局部到全面的过程，并非一蹴而就。

1. 按照层次分类

按照层次，技能分为技能单元、技能模块、技能种类等。其中，技能单元是最小的技能分析单位，如打字员掌握打字技能单元。技能模块是从事某项工作任务或者承担职责所需要的技术、知识和行为的组合，技能模块与工作职责相关，是技能薪酬的基础。技能种类是目的相同、难度相似、内容相近的技能模块集合，如操作技能、销售技能、管理技能等。

2. 按照技能特点分类

按照技能特点，技能分为广度技能、垂直技能和深度技能。其中，广度技能是工作上、下游或者同级职位所需掌握的多种技能组合。广度技能可以保证流程各环节更好地衔接和融合，有利于工作流程优化，促进人员开发和弹性使用，增强人员配置灵活性，个体能形成一专多能的知识技能结构，减少组织对关键员工的依赖，也有利于精减人员数量。垂直技能是不同职位层级所具备的工作技能组合，即不仅具有完成业务工作的专业技能，与此同时，也具有管理自身、他人和组织的管理技能，如自我管理能力、学习能力、沟通能力、领导能力等。垂直技能可以提升员工自我管理水平、降低管理成本，也可以支持自组织团队、无领导团队的工作方式。深度技能是员工掌握某领域知识技能的专业化程度，表明员工可以解决更复杂的问题、承担更有难度的工作。深度技能适用于专业性强的工作岗位，这些岗位需要员工不断拓展、深化知识技能，以适应职责变化和技术创新。随着深度技能提升，个体沿着某一职业发展通道不断发展，工作效率和工作质量不断提高，有利于促进绩效和精减人力。此外，区分深度技能等级，可为员工提供更大的晋升空间和技能成长空间，提升员工公平感。

3. 按照技能要求和技能水平的差异分类

按照技能要求和技能水平的差异，技能分为基础技能、核心技能、可选择技能等。其中，基础技能是员工完成工作必须具备的相关基础知识和能力，反映新进员工或缺乏经验员工需要达到的最低要求。核心技能是与完成本职工作任务直接相关且必不可少的知识和技能，可以保证员工胜任工作。可选择技能则是对员工在完成职责之外，符合自身职业兴趣或实现最优绩效的能力要求。从个人层面而言，可选择技能有助于员工职业生涯发展。从组织层面而言，可选择技能为组织变革提供支持。员工技能的成长路径是：首先，掌握必备的基础技能；其次，根据不同岗位要求，掌握相应的核心技能；最后，根据自身职业发展需求，有针对性地掌握可选择技能，具体如图 7-2 所示。

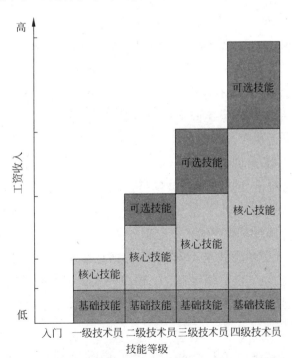

图 7-2　基础技能、核心技能和可选择技能

（二）技能模块

技能模块是技能薪酬的基础，是从事和完成某项工作任务所需的技能、活动或行为的集合，分为技能等级模块和技能组合模块两种类型，前者适用于深度技能，后者适用于广度技能和垂直技能。

1. 技能等级模块

技能等级模块是根据技能难易程度划分等级，以技能等级为标准构建纵向等级序列，从简单到复杂、从基本到权威，各等级所包含的技能（或工作任务）组成一个技能模块，员工沿着技能等级逐渐晋升，每上升一级需掌握更复杂的劳动技能或完成更具挑战性的任务，并获得更高薪酬。技能等级模块适用于专业技术员工和操作员工，引导知识或技能向纵深、专业的方向发展。例如，一级装配技术员只要求掌握两种技能——重新装配和货盘分类，二级装配技术员则要求掌握六项技能——重新进料、货盘分类、去除毛口、作业线操作、装配和焊接。

2. 技能组合模块

技能组合模块范围更广、更多元，以不同技能单元组合为标准构建横向技能序列，目的在于鼓励员工掌握多种不同技能。技能组合模块主张，不同类型技能组合决定薪酬水平，而不同的技能模块具有相应价值。如一级职员：抄写、速记；二级职员：维护办公室设备存货，从当地办公室设备供应商处订货；三级职员：应收账款分类账，应付账款分类账；四级职员：管理工资单档案，根据工资政策记录病假工资、休假工资和绩效奖金；五级职员：项目日程安排，项目工作人员安排。在技能组合模块中，不同工作被划分进入若干模块，区别于技能等级模块，技能组合模块不存在难度和等级区分，学习顺序随机。员工不需要纵向提升工作技能等级，而是掌握完成不同工作的多项不同的技能。

除了采用技能组合模块作为评价标准，跨部门（岗位）模型和工作积分累计模型也是组合模块的重要形式。其中，跨部门（岗位）模型的技能工资等级建立在通过跨部门（岗位）工作所掌握广度技能的基础上。这种模式鼓励员工通过轮岗、工作丰富化等方式，获得多部门或岗位的工作技能，提升人员配置灵活性和弹性，对那些在产品和服务方面有较强季节性或周期性需求的企业具有现实作用。工作积分累计模型是评估各项工作所需各项技能，并按重要性程度排序，给予各项技能不同点值，根据技能掌握程度汇总点值，点值越高，表明技能等级越高，对应更高技能薪酬水平。工作积分累计模型鼓励员工优先掌握那些重要性程度高的工作技能，具有充分的灵活性。

3. 混合模块

混合模块整合技能等级模块和技能组合模块，同时关注深度技能和广度技能，结合两者优点，既在横向上鼓励员工掌握多种技能，也在纵向上区分技能等级，促进员工技能提升。如食品厂根据工艺流程，将生产过程分为原料处理、配料、原料加工、食品检验、食品包装五个技能组合模块。然后,每种组合模块的技能划分为三个等级,包括初级水平、中级水平和高级水平,共形成 15 个不同的技能模块,具体如图 7-3 所示。

高级水平	A3	B3	C3	D3	E3
中级水平	A2	B2	C2	D2	E2
初级水平	A1	B1	C1	D1	E1
	原料处理	配料	原料加工	食品检验	食品包装

图 7-3　混合模块

三、技能薪酬需注意的问题

实施技能薪酬需要充分开发、利用员工劳动技能,提供员工技能和能力成长机会,并有效地控制技能薪酬成本。需要注意的问题包括以下方面。

第一,能力范围需明确。明确能力范围可以提高技能薪酬的有效性,知识和技能应来源于组织战略、工作流程、任职资格、素质模型等,需保证技能模块符合组织需要,并与组织自身特性结合。

第二,技能模块应保持动态性、适应性和时效性。由于经营环境变化、技术变革以及组织战略调整等,许多岗位、职责、工作方式等会动态调整,知识、技能也会过时和淘汰,组织变革产生许多新的知识和技能需求,因此,技能模块需相应调整。

第三,技能薪酬需与其他人力资源管理职能相匹配。技能薪酬需与其他人力资源管理职能有机结合,从而保证其有效性,如需结合技能模块建立相应的技能鉴定、认证、人员选拔、绩效考核以及培训开发机制等。总的来说,在其他人力资源管理职能均需嵌入与技能相关的线索。

第四,创建学习型组织。创造强调参与、开放、创新的文化氛围,建立学习型组织,促进技能薪酬实施。此外,组织需要加强知识管理,通过系统地收集、整理、分析、共享、创新和运用知识,为技能薪酬实施提供良好环境。

第五,有效解决成本问题。能力一旦掌握便不会消失,技能变化是单向的,随着学习及经验积累而逐渐增多。随着技能增长,技能工资会相应增加,强化技能工资递增的刚性。此外,培训成本、鉴定成本等也提升技能薪酬成本。因此,对劳动密集型企业,容易造成较大的成本压力。

第六,加强管理沟通。在设计及推行技能薪酬的过程中,要保持与员工的充分沟通,让员工充分了解组织对其能力期望要求,听取员工建议和诉求,提升其对技能薪酬方案的接受度。

第七,对技能进行界定、分级和定价具有较高复杂性。以往薪酬调查主要基于职位工资,只要样本具有代表性,就可以得到准确的调查数据。而针对技能薪酬的调查和定价方面信息则相对较为缺乏,因此,需要企业做更深入的薪酬调查分析。

第八,技能如何转化为绩效的问题。个人掌握的技能并不必然产生更高绩效,员工掌握更多技能的同时,流动性也逐渐增强,有关能力如何转化为绩效,是技能薪酬的重中之重。如何充分发挥员工技能,提高技能投资有形或无形的回报率,是技能薪酬需要解决的问题。

即 测 即 练

第八章

薪酬水平策略

本章学习目标

1. 薪酬水平基本理论；
2. 薪酬水平影响因素；
3. 薪酬水平策略类型及适用条件；
4. 薪酬调查原则、组织与开展。

不要让员工在不得不离开时才获得应得的薪水

我曾经一度认为,除了把薪酬与绩效考核结合之外,没有其他办法可以来计算薪酬。虽然我觉得年度考核与薪酬计算流程复杂,并且很讨厌做这件事,但我还是认为这种做法是有道理的。我们公司的员工因为高工资而被我们的竞争对手挖走,给了我很大的启发。有一天,我听到某公司给我们公司的一个员工开出了几乎比他现在的薪水高两倍的工资时,顿时大发雷霆。

这个员工的管理者惊慌失措,因为那个员工非常重要,他们希望能反制对方的条件。我却坚持认为我们没有办法付给他那么高的薪水。我和他的经理以及几位副总裁在邮件里针锋相对。我认为:"不能因为某公司有钱,就让它来决定每个人的薪水!"我们为此争吵了很多天,甚至持续了整个周末。他们一直跟我说:"你不知道这个人有多好!"我一点儿也没有被说服。但是,周日早上一觉醒来后,我对自己说:"啊!他当然很好!怪不得某公司想要他。他们是对的!这个员工一直在做一些相当有价值的个性化技术,世界上很少有人在这个领域有像他那样的专长。"我意识到,他为我们工作这件事给他带来了一个全新的市场价值。

我很快发出了另一封电子邮件:"我错了。顺便提一句,我查了一下盈亏情况,我们可以给这支团队的每个人薪水翻一倍,没问题的。"这次经历改变了我们对薪酬的想法。我们意识到,在某些工作上,有些人创造了自己的专业性和稀缺性。如果严格遵照内部薪酬标准执行,实际上会损害那些最优贡献者的利益,因为他们可以在别处挣到更多。我们决定,不要让员工在不得不离开时才获得应得的薪水。我们也经常鼓励员工出去面试,这是发现我们公司的薪水竞争力水平的最可靠和最有效的方式。

资料来源:帕蒂·麦考德.奈飞文化手册[M].杭州:浙江教育出版社,2018.

第一节 薪酬水平决定理论

工资是劳动经济学的重要研究领域,主要的工资水平决定理论包括生存工资理论、工资基金理论、边际生产力工资理论、均衡价值工资理论和集体谈判工资理论等。上述理论均建立在资源稀缺性和经济人的理论假设之上。

一、生存工资理论

生存工资理论也称糊口工资理论,生存工资是指维持生存的工资水平,由斯密和李嘉图在18世纪末提出。李嘉图认为,工资是劳动的自然价格,自然价格是使工人能够生存下去,并且能够在人数上不增不减地延续其后代所需要的工资水平。其内在逻辑链条是,工资高于劳动力自然价格→生活资料增加→人口增加(劳动力供给增加)→工资水平下降,反言之,如果工资低于劳动力自然价格→生活资料减少→人口减少(劳动力供给减少)→工资水平上涨。因此,合理的工资水平应保持在维持工人生存需要、保证劳动力供给处于均衡水平的状态。生存工资理论忽略了技术进步带来的劳动效率提高,也忽略了个体在满足基本生存需要之后,存在着个人发展和自我实现的需要,对于薪酬功能有更高的期望。

二、工资基金理论

工资基金理论于19世纪中期由约翰·穆勒(John Mill)提出。工资基金理论认为,工资不由生活资料决定,而是资本的固定部分,即工资基金。如果增加工人工资,即增加工资基金,会导致下一周期的资本投入和工资基金减少,导致工人工资下降;相反,如果减少工人工资,会导致下一周期的资本投入和工资基金增多,导致工人工资上升。因此,工资基金总量需维持在资本的某个固定比例,工资水平才可以达到均衡状态。当工资基金总量确定后,平均工资取决于工人数量,即劳动力数量和资本的比率,如果工人数量少,则平均工资高;反之则低。因此,平均工资同时受到工资基金总额和工人人数的影响,提升劳动效率可以提升工资水平。

工资基金理论的缺陷是,仅将员工作为简单劳动力,视为资本收益分配的对象,忽视了人力资源的价值创造功能,尤其是人力资本对组织的关键作用,即劳动力不仅消耗人力成本,同时也带来资本增值,从而增加工资基金总量。

三、边际生产力工资理论

边际生产力工资理论于19世纪末由美国经济学家约翰·贝茨·克拉克(John Bates Clark)提出。克拉克将边际效用价值理论运用于工资理论,创立边际生产力工资理论。根据边际收益递减理论,随着劳动力投入增加,其边际收益不断递减,因此,劳动力边际收益曲线是一条向下倾斜的曲线。工资曲线则是固定值,代表劳动力的边际成本。在 O 点左边,劳动力边际收益大于边际成本,说明尚未充分利用劳动力实现最大收益,需要增加雇佣量。在 O 点右边,劳动力边际收益小于边际成本,说明人员利用效率低,阻碍企业获得最大收益,需要减少雇佣量。因此,在 O 点,企业雇用的员工边际收益等于其边际成本和工资水平,在这一状态下,企业达到劳动力利用的最充分状态,如图 8-1 所示。

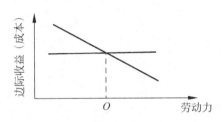

图 8-1 劳动力边际收益和边际成本均衡

边际生产力工资理论适用条件包括:第一,组织以追求利润最大化为目标。通过劳动力边际收益和边际成本均衡,可以确定最优的雇佣量。第二,劳动力具有同质性,即劳动力在能力、知识方面不存在显著差别,这与真实的劳动力市场情况存在差距。第三,劳动力供需双方不存在信息不对称。企业充分了解劳动力的就业能力,劳动者充分了解企业的雇用条件。而在现实中,信息不对称是劳动力市场的普遍状态。第四,劳动力自由流动,即不存在垄断因素或制度性障碍导致员工无法流动。

四、均衡价值工资理论

均衡价值工资理论由英国经济学家阿尔弗雷德·马歇尔(Alfred Marshall)于 19 世纪末提出。该理论在吸收和融合边际效用理论和边际生产力理论基础上,从劳动力供给和需求均衡的角度阐明工资水平决定机制。

马歇尔指出,工资是劳动力需求和供给达到均衡的价格。如果劳动力需求方是完全竞争厂商,根据边际生产力递减规律,劳动需求曲线和边际产品收益曲线重合,因此,需求曲线从左往右逐渐下降。随着劳动力数量增加,劳动力边际产品收益不断下降,导致厂商愿意支付更低的工资水平。另外,劳动力供给曲线则与需求曲线相反,随着工资水平提高,劳动力供给不断增加,供给曲线呈现出从左向右上升的情况。马歇尔认为,劳动力需求和供给都不能单独决定工资水平,而是取决于两者均衡,即工资水平由两条曲线的交汇点决定。在交汇点上,劳动力需求和供给实现均衡,劳动力价格也实现均衡。

马歇尔讨论了劳动和资本相互替代的问题。需求替代是指劳动和资本两种生产要素在特定条件下,存在相互替代的关系。工资水平降低使得劳动力价格更低,导致企业用劳动力替代资本;相反,工资水平上升、资本成本下降或技术效率提升,导致资本成本更低,促使厂商采用资本替代劳动,以降低人工成本。需求替代会导致企业采用不同技术组合,确定劳动和资本的投入比率。

此外，劳动力供给弹性也会影响工资水平。劳动力供给弹性是单位工资水平变动引起的劳动力供给量变动。如果劳动力供给量变动幅度大于工资变动幅度，说明劳动力供给弹性大；反之，则供给弹性小。劳动力作为一种特殊商品，会表现出不同的弹性水平，这说明劳动力并不同质，其本身特性将影响供给弹性，从而影响工资水平。

五、集体谈判工资理论

第二次世界大战期间，工会在薪酬管理中发挥着重要的制衡作用。在此背景下，经济学家约翰·R.希克斯（John R. Hicks）提出集体谈判工资理论。集体谈判是劳资双方就劳动待遇与劳动条件进行谈判，工资水平是双方协商和妥协的结果。集体谈判工资理论认为，工资水平取决于劳资双方谈判能力以及实力的对比，在集体谈判初期，工会提出超出雇主接受和支付的更高工资水平要求，如果双方无法达成一致，将引发罢工和停产。对劳方而言，罢工意味着收入中断和失业；对资方而言，停产意味着产值和利润损失，因此，给双方均带来损失。随着停产和罢工的时间延长，在权衡利弊的情况下，工会抵制曲线将向下倾斜，而资方让步曲线将向上倾斜，双方均会一定程度地妥协和让步，直至达到彼此接受的均衡工资水平。在这种情况下，停产和罢工结束，劳资双方恢复正常雇佣关系。集体谈判工资模型将劳资双方视为工资博弈关系，能较准确地预测双方行为，较好地反映和解释现实。总体而言，劳动力市场供求关系和劳资双方力量对比均会影响工资水平，前者是长期决定机制，后者则是短期决定机制。

第二节 工资差别和薪酬水平影响因素

导致工资差别的原因主要包括：第一，劳动者在劳动过程中存在的各种劳动差别，如不同职业、年龄、性别、地区等。第二，劳动力市场存在的非竞争性因素，如工会垄断劳动力供给、劳动者人力资本投资差异、劳动力市场信息不对称、就业歧视、劳动力流动障碍等。

一、工资差别

（一）补偿性工资差别

补偿性工资差别是为弥补恶劣的工作环境条件和较高的人力资本投资而形成的工资差别。其包括：第一，与人力资本投入相关的工资差别。某些工作要求具有更高的任职资格，需要劳动者投入更多人力资本。人力资本投资分为实际支出、机会成本和心理成本等，与其他投资类似，人力资本投资期望在未来获得更高收益，需要通过工资差别获得回报。第二，与效用均等化相关的工资差别。效用均等化是指具有相近劳动能力的员工所获得的效用趋于一致。其中,效用既包括经济效用,如工资等,也包括非经济效用,非经济效用的缺失可以通过经济效用进行补偿;反之亦然。引起工资差别的非经济性因素包括三方面:工作环境、职业伤害风险以及劳动强度;职业社会地位;职业和收入稳定性。按照效用均等化原则,劳动者会对上述非经济性因素寻求经济补偿,以弥补与其他同质劳动者的效用差距。

(二)非补偿性工资差别

1. 竞争性工资差别

补偿性工资差别是劳动环境条件和人力资本投资差异导致的工资差别,竞争性工资差别则可以解释在完全竞争市场中,由于工作效率不同而导致的工资差别。个体在知识、能力和个性特质等方面存在差异,具有不同的工作效率和质量。即使劳动者具有相同的工作能力,由于工作机会和工作环境等差异,工作效率仍然不同。工作效率高意味着更高的劳动边际收益,理应得到更高工资,而低效率的劳动者得到较低工资,从而形成了竞争性工资差别。

2. 垄断性工资差别

垄断性工资差别是由于制度因素或劳动力自然特征等原因,劳动力处于垄断地位而形成的工资差别。其具体包括以下两种。

(1)制度因素导致的垄断性工资差别。导致劳动力供给垄断的制度因素包括经济体制、劳动力供给政策、就业政策、工会力量等。制度性供给垄断会人为地导致某些领域的劳动力供给短缺,对其他劳动者形成进入壁垒或排他性,从而提高工资水平,产生垄断性工资差别。破除劳动力市场的制度性供给垄断,可以使劳动力市场更开放、公平和自由。

(2)自然性垄断导致的工资差别。具有价值性和不可替代性的劳动力容易形成自然性垄断。在劳动力市场中,由于个体能力结构的独特性和不可替代性,劳动者在某些领域形成供给垄断地位,产生自然性垄断工资差别。自然性垄断导致部分劳动力处于稀缺状态,在较长时间内获得较高的垄断性工资。长期而言,一旦这种能力结构丧失独特性,工资又将回归均衡水平。

(三)产业工资差别和地区工资差别

1. 产业工资差别

产业工资差别原因包括以下方面:第一,产业人均资本占有量。人均资本占有量影响劳动生产率,劳动生产率高的企业具有更强的薪酬支付能力。此外,资本密集型产业容易形成投资进入壁垒,从而获得垄断利润。资本密集型产业会更多地招聘具有较强劳动能力的员工,工资水平相应更高。第二,产业规范管理程度及管理水平。产业规范管理会减少行业不正当竞争,保证企业获得行业平均利润,从而影响工资水平。

2. 地区工资差别

地区工资差别即不同地区间平均市场工资率的差别,主要原因包括地区间经济发展不平衡、区域劳动力市场供求关系、区域产品市场竞争程度等。如果分支机构分布地理范围较广,则需考虑地区工资差别。

二、薪酬水平影响因素

薪酬水平受到诸多因素影响,总的来说,分为内部因素和外部因素两方面。

(一)内部因素

(1)企业发展阶段。薪酬水平必须与企业发展阶段相适应,企业处于不同发展阶段,薪酬水平策略存在差异。例如,处于初创期时,企业往往采用低固定报酬+高浮动报酬或低即期报酬+高长期报酬模式,对创业和成长急需的优秀人才会采取薪酬领先政策。处于成熟期时,营业收入和市场占有率较为平稳,需要维持稳定、高效率的员工队伍,企业往往采取市场领先或追随政策。处于衰退期时,营业收入和利润下降,多与裁员、停产、重组等相联系,企业往往采取滞后政策,可以采用低工资+标准福利政策,使用适当的奖励与成本控制相联系。

(2)组织战略。薪酬水平策略需与组织战略相结合。如果采取差异化战略,需要吸引具有创新能力和意识的优秀人才,多采用市场领先策略,奖励追求差异的创新行为。如果采用成本领先战略,在保证质量和品质的前提下,多采用追随或滞后策略以控制劳动力成本。

(3)企业文化因素。如果个人主义价值观主导,薪酬差距较大。如果集体主义价值观主导,则薪酬差距较小。此外,组织的人才理念涉及如何看待组织与员工的关系,如果将员工视为投资对象和合作伙伴,会通过薪酬提升员工满意度和承诺,如果将员工视为剥削对象,则会压低员工待遇水平。

(4)薪酬支付能力。薪酬水平与组织所拥有的资源呈正相关关系,尤其是财务资源的支持和保障。薪酬支付能力受到多种因素影响,如经营状况、管理水平、市场竞争程度、产品需求弹性、市场需求等。薪酬支付能力强的企业,具有实施薪酬领先策略的前提条件,更容易形成"高薪酬—优秀绩效—更高薪酬"的良性循环。

(5)员工成熟度。薪酬水平与员工成熟度具有密切联系,员工成熟度体现在知识技能、工作经验、工作态度和绩效水平等方面,高成熟度员工的劳动边际收益高,具有一定的自然垄断性,也具有较高的流动能力,因此,在吸引和保留方面需支付更高工资。

(6)工会化程度。工会具有组织、教育、参与、维权、服务等功能,其中,维权功能最为关键,体现工会在劳动报酬、劳动保护、员工健康、就业机会等方面维护劳方权益的程度。工会与资方进行集体合同谈判,集体合同中有关劳动报酬、奖励和补助的规定,劳动报酬调整机制,有关工时休息和休假的规定等均与薪酬存在密切关系。工会化程度越高,集体谈判能力越强,保证员工获得公正待遇。

（二）外部因素

（1）劳动力供给需求状况。劳动力供给影响因素涉及环境、企业和个体等层面。其中，环境因素包括经济发展程度、教育水平、人口总量与人力资源率等，企业因素包括组织地理位置、所属行业、行业领先程度、雇主品牌等，个体因素包括择业心态、劳动力价值观等。劳动力需求衍生于消费者对产品服务的需求，是劳动力价格和质量的函数。薪酬水平越高，劳动力需求越小。劳动力质量越高，企业劳动力需求越大。总的来说，劳动力市场决定了薪酬水平的下限。

（2）产品市场影响。市场结构（如完全竞争、垄断竞争、寡头、垄断等）影响行业竞争程度和平均利润水平，从而影响薪酬支付能力，并且影响薪酬水平，如在完全竞争市场中，行业竞争激烈，平均利润低，薪酬水平较低。完全垄断市场则正好相反，产品市场需求水平越高，收入和利润水平越高，薪酬支付能力越强。此外，产品需求弹性也影响薪酬水平，产品需求弹性越小，薪酬水平越高；反之，则越低。总的来说，产品市场影响薪酬支付能力，决定薪酬水平的上限。

（3）地区经济发展状况。由于资源禀赋和制度禀赋存在差异，不同地区的经济发展不均衡，形成地区工资差异。在产业集中度高、劳动力需求大的经济发达地区，平均薪酬水平较高，有利于吸引优秀人才。

（4）行业发展状况。技术含量高、管理规范、产品质量优良、生产效率高、优秀人才占比高，具有良好市场前景和经济效益的行业，薪酬水平较高。此外，劳动力密集型行业往往利用人工成本低廉的优势，薪酬水平较低。资本密集型或智力密集型行业，需要雇用更高素质的员工，劳动效率更高，因此，薪酬水平较高。

（5）相关法律法规和政策。薪酬管理体系和过程需严格遵守国家法律法规，我国的相关法规政策包括：《中华人民共和国宪法》、《中华人民共和国劳动法》、《中华人民共和国劳动合同法》、社会保险制度和住房公积金制度等。法律法规明确了工资分配原则、最低工资、工资支付、节假日工资、加班工资、社会保险、住房公积金、经济补偿等方面的规定。此外，最低工资、同工同酬、反歧视等方面的相关法规，也是薪酬管理的重要法律依据。

总的来说，薪酬水平影响因素及其途径如图8-2所示。

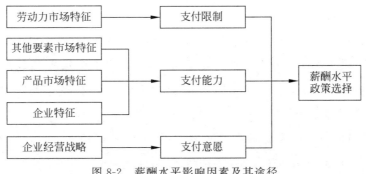

图8-2 薪酬水平影响因素及其途径

第三节 薪酬水平策略

一、市场领先策略

市场领先策略是采用高于同行业竞争对手或领先市场平均水平的薪酬策略。市场领先策略可以吸引高素质求职者，降低甄选费用，提高工作满意度，提升工作投入，降低离职率，减少劳资纠纷。需要注意的是，虽然市场领先策略提高薪酬外部竞争力，但同时也提高企业人工成本，影响产品价格优势和企业经济效益。因此，市场领先策略对组织管理水平有较高要求，需要将高投入转化为高回报，否则会造成人力成本浪费。市场领先策略适用于组织管理规范、规模较大、投资回报率高、薪酬支付能力强、对热门尖端人才需求大、工作技能复杂、人员替代成本高、员工成熟度高的情况。

二、市场追随策略

市场追随策略又称市场匹配策略，是根据市场薪酬的中位水平确定本企业薪酬的薪酬策略。采取市场追随策略的企业不能或不愿承担过高的薪酬成本，前者受到支付能力影响，后者受到支付意愿影响。在劳动力供给充足的情况下，市场追随策略是一种通用的薪酬策略。

市场追随策略的优点是确保自身薪酬成本与竞争对手一致，避免在劳动力市场陷入不利处境。与此同时，市场追随策略可以保持劳动力队伍稳定性，降低人员离职率，保证员工薪酬满意度，有利于薪酬成本控制。其缺点是在吸引和保留优秀员工方面缺乏优势。

三、市场滞后策略

市场滞后策略也称成本导向策略，即确定薪酬策略时依据市场最低薪酬，或尽可能节约人工成本，而不是参考市场和竞争对手的薪酬水平，实行成本领先的企业多采取市场滞后策略。

采用市场滞后策略的企业规模往往较小，处于竞争激烈的产品市场中，边际利润率低，成本承受能力弱，很多属于中小型企业。缺乏薪酬支付能力，是实施市场滞后策略的主要原因。此外，也有企业并不是没有支付能力，而是没有支付意愿，这多与组织人才理念或者劳动力市场供求状况相关。

市场滞后策略无法吸引和保留高素质员工，员工流失率较高。在短期内，低薪酬水平可能由于信息不对称而不为员工知晓，但长期而言，会影响员工薪酬满意度和工作效率。

四、混合策略

混合策略是针对不同部门、职位、个体采取不同的薪酬水平策略,需考虑的因素包括核心竞争优势、人员贡献和价值、人员替换成本、劳动力稀缺性等。总的来说,不同薪酬水平策略在吸引力、保持力、成本控制、提高生产率等方面存在差异,需要根据管理情境和对象,采取灵活、动态的策略。如对研发部门采用适度领先的薪酬水平,后勤等职能部门则采取市场追随策略。具体如表8-1所示。

表8-1 不同薪酬水平策略比较

薪酬水平策略	吸引力	保持力	成本控制	提高生产率
市场领先策略	好	好	不明确	不明确
市场追随策略	中	中	中	不明确
市场滞后策略	差	不明确	好	不明确

第四节 薪酬调查

一、薪酬调查的定义

薪酬水平具有不同层面,如国家、地区、行业、企业和岗位等,在薪酬管理领域,主要指企业和岗位层面薪酬水平。薪酬水平是各职位、部门以及整个组织的平均薪酬水平。在激烈的市场竞争中,组织越来越关注职位间或不同企业同类工作的薪酬比较,薪酬水平对吸引、保留和激励员工具有重要作用,可以控制劳动力成本,塑造企业形象。

借助薪酬调查进行薪酬水平比较,成为许多企业的普遍做法。薪酬调查是通过科学调研方法,对市场上薪酬数据进行收集、整理、统计和分析,形成反映市场薪酬现状的调查报告,判断其他企业所支付的薪酬状况(如薪酬水平和结构等),作为确定本企业薪酬水平策略的依据。

二、薪酬调查的类型

(一)按调查用途分类

按调查用途,薪酬调查可分为薪酬水平调查和薪酬满意度调查两种类型。前者针对竞争对手,侧重于外部公平。后者针对内部员工,同时涉及外部公平和内部公平。薪酬水平调查用于了解竞争对手的薪酬成本,为薪酬水平策略提供依据。薪酬满意度调查用于分析员工对薪酬体系、结构、水平、管理制度等整体评价和态度,为薪酬诊断和改进提供依据。

(二) 按调查方式分类

按调查方式,薪酬调查可分为正式薪酬调查和非正式薪酬调查。正式薪酬调查分为商业性薪酬调查、专业性薪酬调查和政府薪酬调查等。非正式薪酬调查通常由企业自己组织和实施,采用非正式信息网络、企业间共享薪酬信息等方式开展。对许多企业而言,由于薪酬数据属于商业机密,具有敏感性和保密性,因此,薪酬调查具有较高难度和复杂性。如果没有专业机构参与,企业自身难以开展有效的薪酬调查,尤其难以保证调查样本范围、代表性、数据真实性和完整性等。

(三) 按调查主体分类

按调查主体,薪酬调查可分为政府薪酬调查、商业机构薪酬调查、企业薪酬调查。

政府薪酬调查是为发挥宏观指导功能,由政府组织实施的对全国、区域或城市范围内各行业薪酬水平的调研,为企业和劳动者提供薪酬水平与政策等数据信息。其优点包括:第一,可以无偿使用调查数据和信息,节约企业调研成本。第二,行业覆盖面较广,样本选择具有代表性,结论具有权威性、全面性和准确性。其缺点包括:第一,缺乏针对性,无法对行业职位进行详细调查,只能选取最具代表性的基准工作和高度标准化的职位进行调查,无法满足企业具体要求,难以与企业实际情况紧密结合。第二,政府薪酬调查的时效性较弱,具有一定的时滞性。

商业机构薪酬调查是由专门从事薪酬调查的管理咨询公司和商业调研机构开展的调研。其优点包括:第一,可以满足企业个性化调研需求。第二,信息获取渠道较宽,作为利益不相关的第三方,容易获取数据。第三,具有较丰富的调研经验和数据积累,数据较为可靠真实。其缺点在于:第一,费用较高,尤其是专门满足企业特定需求的调研。第二,需要选择信誉良好的商业机构,以保证商业机构不随意将薪酬信息透露给其他竞争对手。

企业薪酬调查是企业自身运用各种调研方法,获取地区或行业的薪酬水平数据,对收集到的信息进行统计和分析,在此基础上,结合企业战略和经营绩效,确定本企业的薪酬水平市场定位。其优点包括:针对主要竞争对手开展调查,决策参考意义较大。其缺点在于:薪酬调查成本较高。出于保密需要,被调查企业可能不愿透露信息,影响调研的完整性和代表性。

三、薪酬调查的内容和范围

(1) 薪酬调查内容。确定调查内容需要明确组织对薪酬的定义,在此基础上确定调查项目。从全面报酬角度而言,部分薪酬项目可以量化,有些则无法量化,一般而言,易于量化的薪酬项目更容易收集数据,易于比较,如工资、奖金、津贴和补贴、福利、股权期权、假期等。而长期雇佣承诺、办公环境、工作氛围、参与决策、组织支持等则无法量化。虽然无法量化的薪酬项目难以开展调查,但同样是薪酬的重要构成,需要在调查中予以高度关注。

（2）薪酬调查范围。薪酬调查范围需根据调查目的和用途来确定。调查范围包括地理范围、行业范围、目标市场范围等。第一,地理范围包括地方劳动力市场、地区劳动力市场、全国性劳动力市场和国际性劳动力市场等。一般而言,越是热门尖端人才,调查的地理范围越大。第二,行业范围是指人才竞争主要发生在哪些行业领域,包括特定行业、相关行业和所有行业等。一般而言,某些适用性较广的工作岗位,调查的行业范围较广;反之,则较窄。第三,目标市场范围。调查信息来源于某些主要竞争对手,包括在目标市场、人力资源等方面形成竞争关系的其他企业。

在进行薪酬调查时选择范围不尽相同,有的应先选择地理范围,再选择行业范围,有的则正好相反,需要视具体职位而定。确定薪酬调查范围要考虑劳动力市场竞争层次、职位类别可获得性的地理范围、人力资本适用性等因素。如果人才竞争非常激烈,涉及比较广泛的地理区域,应当首先确定地理范围。如果是为确保薪酬成本不影响组织竞争优势,应当首先划分行业范围。此外,如果人力资本具有某行业特有属性,则需首先界定行业范围。薪酬调查范围的确定如表8-2所示。

表 8-2　薪酬调查范围的确定

市场地理范围	产品市场范围			
	所有行业	相关行业	特定行业	特定规模的特定行业
地方劳动力市场	职位类别 A			
地区劳动力市场		职位类别 B		职位类别 E
全国性劳动力市场	职位类别 C		职位类别 D	
国际性劳动力市场				职位类别 F

四、薪酬调查的作用和目的

薪酬调查是薪酬水平决策的重要步骤,是保证薪酬公平的重要环节。其作用和目的如下。

第一,为调整薪酬水平提供决策依据。生活成本变化、员工绩效改进、企业经营状况改善、竞争对手薪酬等因素均会影响企业薪酬水平。掌握竞争对手薪酬水平和人工成本变化,据此作出维持或调整决策,保证人员稳定性。针对关键岗位,薪酬调查作用则更明显。

第二,评价企业自身薪酬水平政策相对位置。职位评价获得的薪酬结构与市场调查获得的薪酬结构存在不一致情况,需要通过薪酬调查进行平衡。了解其他企业相同或相似岗位薪酬水平,作为制定薪酬政策线的参考。企业可以对比薪酬政策线,对实际薪酬和市场薪酬进行比较分析,明确薪酬水平定位。

第三,弥补职位评价仅关注内部一致性的缺陷。随着市场竞争加剧,许多企业不仅重视薪酬结构的内部一致性,对外部竞争性也更为关注。薪酬调查可以弥补职位评价只关注岗位相对价值的缺陷,在内部一致性和外部竞争性之间取得平衡。与此同时,管理者可以通过薪酬调查对职位评价有效性进行检验。

第四,了解员工薪酬满意度。通过内部薪酬调查,掌握员工对薪酬管理存在的态度和评价,加强管理者与员工的沟通,收集员工的诉求和意见,为薪酬诊断和调整提供依据。

五、薪酬调查原则

薪酬水平涉及宏观和微观等不同层面,越是涉及微观层次,参考意义越大。为保证薪酬调查目的,需遵循以下原则。

第一,被调查企业与本企业应具有可比性。除了考虑被调查企业与本企业是否存在劳动力竞争关系,还要考虑经营规模、员工数量、所属行业、企业声望和行业排名、地理位置等是否具有相似性。高相似性的样本企业在统计分析中应给予更高权重。

第二,全面比较原则。仅就单个薪酬项目比较不具有参考意义,在条件允许的情况下,需要对整个薪酬体系进行调查分析,包括经济性报酬和非经济性报酬、短期报酬和长期报酬、即时报酬和延时报酬等。此外,还需要就样本企业薪酬结构、薪酬管理制度、人工成本等进行调研。

第三,考虑岗位说明的多重性。名称相同的岗位在不同企业中,工作职责、工作权限、决策层次、管理层级和劳动强度等可能存在差异,导致岗位之间不具有可比性。在薪酬调查时,通过对职位说明书的分析和比较,获得有关岗位的充分信息,对可比性岗位进行评价,以避免调查误差。

第四,薪酬调查不仅要有横向比较,还要有纵向比较。横向比较基于相同时点,纵向比较则基于不同时点。通过纵向比较,掌握竞争对手的薪酬增长幅度以及薪酬构成变化的情况,前者可以作为本企业增薪幅度的参考依据,后者则可以分析竞争对手的人力资源战略调整。

六、薪酬调查的程序和步骤

(一) 准备阶段

(1) 明确薪酬调查目的。明确薪酬调查目的有助于确定调查范围和方法。如果调查目的是调整薪酬水平或控制人工成本,需调查典型职位甚至所有职位,以获取全面信息。如果调查目的是降低某关键职位或某类别人员离职率或提升其薪酬满意度,则调查范围较小。

(2) 明确要调查的岗位。其存在两种常见做法:一是对所有岗位进行调查,这种做法的调研工作量较大、成本较高。二是选择不同组织层级或职能领域的典型岗位进行调查,其他岗位则根据职位价值与典型岗位进行比较,以确定薪酬水平。典型岗位是那些在行业中工作特征相似、具有代表性的岗位,在不同企业之间具有可比性。典型岗位具有以下特征:第一,可比性。其工作职责、工作权限、任职资格、重要程度、复杂程度与其他企业具有可比性。第二,稳定性。岗位特征在较长时期内保持一致。第三,普遍性。岗位任职人员规模较大,所占比例较高。

(3) 进行工作分析。为保证岗位可比性,需要进行工作分析,获得工作描述和工作规范,对比被调查企业相关岗位的职务说明书,保证具有较高的一致性,提升调查有效性。

(4) 确定调查范围和对象。薪酬调查目的明确后,需要确定调查范围和对象,包括明确相关劳动力市场、调查样本企业、具体调查职位、被调查人选和调查时段等。调查对象包括:从事相同工作或具有相同技术的员工存在竞争关系的企业,与本企业在相同地域范围内竞争员工的企业,与本企业在相同产品或服务市场竞争的企业。调查对象需满足三个标准:近似的地理位置,利用相同技术,具有同等规模。

(5) 确定调查内容和数据信息。调查内容包括基本薪酬及结构、绩效奖励计划、股票所有权计划、福利计划和薪酬政策等。数据的完整性和全面性影响调查效果,需在考虑数据可得性和获取成本的基础上,尽量完整、全面地收集数据。需要特别提及的是,如果是内部薪酬调查,则需要调查员工对薪酬水平、薪酬结构和比例、薪酬差距、薪酬决定因素、薪酬调整、薪酬发放方式、工作本身(如自主权、成就感、工作机会)、工作环境(如企业管理、工作时间、办公条件等)等的评价,以获取薪酬满意度数据。

(6) 确定调查渠道。根据要调查的岗位、调查范围和对象,确定调查渠道。调查渠道包括:第一,同行业企业之间相互调查。第二,委托专业机构调查。第三,从商业机构购买薪酬数据。第四,查询社会组织或政府部门公开信息等。

(二) 实施阶段

(1) 设计调查问卷或访谈提纲。问卷调查是运用最广泛的调查方法,通过向目标企业或个人发放根据需要而专门设计的调查问卷,获取所需薪酬信息和数据。问卷内容包括组织和岗位基本信息、岗位职责、任职资格、薪酬构成及水平等。问卷设计直接影响调查有效性,需依据薪酬调查目的、内容等设计。问卷具体形式包括网络问卷、邮寄问卷、现场问卷等。

(2) 开展问卷调查或实施访谈。首先,问卷填答者或被访谈者对组织薪酬管理相关信息需充分了解,以保证准确性。其次,取得被调查企业的信任,采取合作形式获得样本企业支持和配合,具体形式包括:与被调查企业互换薪酬数据;与对方合作,使之承担相关责任和费用,分享调查结果;通过向被调查企业提供价格优惠的调查报告以获得支持。此外,访谈是对问卷调查的重要补充,两者可以结合使用。

(3) 整理问卷数据。回收问卷之后,需对调查数据进行整理,主要包括:比较不同企业性质和岗位性质;统一统计口径,保持一致性;剔除无可比性的企业和岗位;剔除异常值;核实和补充缺漏项;对薪酬水平数据排序;赋予不同来源的数据以合理权重。

(4)统计分析。常用统计分析方法包括:频率分析、居中趋势分析、离中趋势分析(标准差)、四分值分析和百分比分析等。

(5)撰写薪酬调查报告。薪酬调查报告分为综合性和专项性两种类型。前者是对不同地区、性质、规模、行业的企业薪酬数据进行整体统计与分析,可以反映整体薪酬状况。后者则是根据企业需要,有针对性地收集某些具体职位的薪酬水平数据,可供企业直接参考。薪酬调查报告需详细描述当前市场薪酬状况,对企业与市场薪酬进行比较,并为制定薪酬策略提出建议。

七、薪酬调查数据分析

(一)频率分析

频率分析是一种简单直观的方法,即将调查所得到的与每一职位相对应的所有薪酬数据从高到低排列,然后计算落入每一薪酬范围内的企业数量和比例。也就是说,不同企业为某一职位支付的薪酬水平在哪一个薪酬范围内频次最多,该薪酬范围就是目前的市场薪酬水平,对薪酬水平决策具有较高的参考意义。

(二)居中趋势分析

居中趋势分析包括算术平均值、加权平均数和中位数等。

算术平均值是最普遍的统计方法,不考虑不同企业某职位员工人数的差异,对所有企业的薪酬数据赋予相同权重,把所有数据相加再除以样本个数,计算出简单平均值。

加权平均数是按员工规模所占权重进行计算,是比较科学的计算方法。通常根据该公司从事该职位员工的人数来赋予权重。加权平均数反映了人员规模的影响,能更准确地反映市场薪酬。

中位数是将所有薪酬数据按照升序或降序排列,取数据系列中间数值,以此反映市场薪酬的方法,其意味着50%企业的薪酬水平高于或低于此水平。

(三)离中趋势分析

离中趋势分析是对数据分布中数据彼此分散程度进行分析的描述统计方法。利用标准差分析检验各种分布值与平均值之间差距的大小,是描述离中趋势最常用的统计指标。

(四)四分值分析和百分比分析

四分值分析和百分比分析是薪酬调查中最常用的离中趋势分析方法,通过小于某一数值的百分比描述离散程度。以四分值分析为例,将某职位的所有薪酬调查数据从低到高排列,平均划分为四组,第一个四分值意味着25%企业薪酬比其低,第二个四分值表示50%企业薪酬比其低,以此类推。百分比分析与四分值分析类似,是将薪酬数据分为10组排列,每组包括10%的样本数,百分位中第5组的最后一个薪酬数据是中位值,用来近似代表当前市场薪酬水平。

即 测 即 练

第九章

绩效奖励计划

本章学习目标
1. 绩效奖励的基本原理；
2. 绩效奖励的特点、作用、类型；
3. 短期绩效激励与长期绩效激励、个体绩效激励与群体绩效激励；
4. 绩效奖励计划选择依据。

华为公司的时间单位计划

TUP,time unit plan,直译为"时间单位计划",是华为公司从国外引进的一种模式,可以理解为奖励期权计划,是现金奖励的递延分配,属于中长期激励模式,相当于预先授予一个获取收益的权利,但收益需要在未来 N 年中逐步兑现(也可以和业绩挂钩)。根据华为年报,时间单位计划是在集团内部实施的基于员工绩效的利润分享和奖金计划。根据该计划,本集团向员工发放时间奖励单位,而获发时间奖励单位的员工("受赠人")可获现金付款,包括年度收入及累计期末增值收入,为期 5 年,由发放日期起计。年度收入金额和累计期末增值收入金额由本集团确定。时间奖励单位自授予之日起 5 年有效。受赠人将在下一财政年度根据已生效的时间激励单元数量获得年度收益金额。累计期末增值收入将在 5 年时间激励单元结束,或受赠人的雇佣关系终止时,以现金形式支付给受赠人。

根据华为官方解释,时间单位计划是一项基于个人的长期绩效奖励计划,可以创造主人翁感,帮助企业招聘、留住和激励高绩效、高价值员工,从而为企业长期发展奠定良好的基础。

资料来源:5.华为是不是虚拟股权＋TUP 两者同时运行?两者如何设计的?[EB/OL].(2023-03-18). https://www.zhihu.com/tardis/bd/ans/2942501241? source_id=1001.

第一节　绩效奖励计划的基本原理

一、绩效奖励计划的定义

绩效奖励计划又称激励薪酬、绩效薪酬和可变薪酬等,是按照员工个人、团队或组织绩效支付给个体或群体的、具有奖励性的薪酬项目总和。其中,绩效包括个人绩效、部门绩效、团队绩效和组织绩效等。传统绩效奖励以奖金、分红等短期激励为主,现代绩效奖励计划则包括股票所有权激励、团队激励等多种形式。绩效奖励计划类型如表 9-1 所示。

表 9-1　绩效奖励计划类型

奖励计划	个体	团队
短期	计件制 计时制 佣金制 绩效工资 一次性奖金 特殊绩效认可计划	小组奖励计划 收益分享计划 利润分享计划 成功/目标分享计划
长期	股票所有权计划(现股计划、期股计划、期权计划)	

绩效奖励计划的理论基础包括:第一,需要层次理论。需要层次理论认为个体需要由生存、安全、社交、尊重和自我实现等需要构成,绩效奖励计划与成就、认可、支持、保障等紧密联系,满足员工不同层次需求。第二,双因素理论。弗雷德里克·赫茨伯格(Frederick Herzberg)指出员工行为受到保健因素和激励因素的共同影响,其中,保健因素侧重于降低不满意度,激励因素侧重于提升满意度,绩效奖励同时具有保健功能和激励功能。第三,期望理论。弗鲁姆在期望理论中指出,绩效是期望、关联性和效价三者的函数,因此,绩效奖励计划中的奖励目标设置、奖励金额、与固定薪酬的比例关系等均会影响员工绩效。第四,公平理论。亚当斯在公平理论中指出,员工不仅关心经过努力获得的绝对报酬,也关心自己的回报和投入比值与他人的比较关系。高绩效员工对工作有更多投入,如果无法获得与之对应的回报,必然影响其公平感。第五,强化理论。伯克赫斯·弗雷德里克·斯金纳(Burrhus Frederic Skinner)在强化理论中指出,个体为实现某种目标,会采取某种行为作用于环境。当行为结果有利时,行为重复出现;当行为结果不利时,行为会减弱或消失。绩效奖励与工作行为和结果密切联系,会强化工作行为频率和强度以及结果转化。第六,目标设置理论。洛克在目标设置理论中,讨论了目标具体性、挑战性以及绩效反馈对绩效的影响。绩效奖励是有条件薪酬,在实现目标的前提下支付,奖励额度与目标难度一致,可以有效激励员工。第七,委托-代理理论。委托-代理理论认为,由于信息不对称和监督成本过高,委托-代理关系将存在代理风险。最好的做法不是花费大量成本去监督代理人,而是选

择有助于使委托人和代理人利益趋于一致的制度与契约。委托-代理理论为长期激励提供了理论基础。

二、绩效奖励计划的特点

绩效奖励计划又称有条件薪酬,是薪酬的变动和浮动部分,相对于基本薪酬,具有更强的激励性和灵活性。其优点包括以下方面。

第一,目标明确。通过绩效奖励计划调动员工的注意力资源,有效引导员工行为和努力,符合组织期望的行为获得奖励,不符合的行为则会认定为无效,甚至受到惩罚,从而减少员工行为偏差。此外,绩效奖励计划通常运用某种公式将薪酬和绩效联系,因此,清晰的绩效目标会使这种联系变得更直接和显著,有利于提升员工绩效。

第二,激励作用显著。相对于固定薪酬,绩效奖励计划的激励作用更明显。固定薪酬具有较大刚性,缺乏弹性和激励性,与绩效不直接联系。绩效奖励是有条件的,具有较小刚性和较大波动性,要求员工不断掌握新技能、适应新环境、改善工作态度以提升绩效。

第三,有利于控制成本。绩效奖励属于可变动成本,具有较大的灵活性,而基本薪酬则是与产出无关的固定成本,具有较强的累积性。绩效奖励具有更大弹性,根据经营状况调整,有利于控制劳动力成本。

第四,降低管理监督成本。从本质而言,绩效奖励是结果导向的激励方式,要求员工自动自发地完成工作,根据工作结果兑现奖励,减少过程监督和管理成本。

与此同时,绩效奖励计划具有以下缺点。

第一,绩效奖励计划的绩效标准难以确定。是否达到绩效标准是绩效奖励的支付依据。过高的绩效标准会使员工难以接受和认同,从而导致绩效奖励失效。

第二,导致内部竞争加剧,降低协作水平。部门、团队和员工之间存在利益争夺关系,会导致不正当竞争和关系紧张,损害组织整体利益。与此同时,个体将注意资源过度集中于自身目标和个人利益,会减少给予他人协助和支持。

三、绩效奖励计划实施条件

绩效奖励计划需具备相应的前提条件,主要包括以下几方面。

第一,与组织目标及组织文化相匹配。员工个体目标来源于组织目标分解,组织目标则来源于组织战略,各层级目标从上而下具有一致性,从下而上具有支持性。此外,绩效奖励需体现组织价值观,表明组织期望和主张,引导员工行为,巩固组织价值观。

第二,合理公正的绩效管理体系。绩效管理体系具有引导性,促使员工清晰地认识什么是目标、如何实现目标、实现目标将获得何种奖励。绩效管理和薪酬管理相结合,可以提升激励效果。公平公正的绩效管理是绩效奖励计划的前提条件,绩效评价应排除组织政治、人情关系和其他因素影响,真实反映员工业绩。

第三,有效的沟通渠道以及广泛的员工参与。绩效奖励要求员工共担风险,因此,员工需要参与绩效标准制定过程,以提高其接受性。此外,为提高激励效果,需向员工清楚地解释绩效和薪酬之间存在何种联系,促使员工明确工作资源的分配方向。

第四,保证灵活性和动态性。当经营环境、组织目标以及工作职责等发生变化,有关绩效的定义、构成和标准等也相应发生调整。组织需要重新定义绩效和明确目标,在这种情况下,绩效奖励计划需相应作出调整。

第二节 绩效奖励计划的种类

一、个体绩效激励计划

个体绩效激励计划的对象是个体,是根据员工个人绩效,采取事先确定的客观绩效标准进行奖励的薪酬计划,包括以下类型。

(一)计件工资计划

计件工资计划是按照完成的合格工作数量或产品件数以及计件单价支付绩效薪酬的奖励方式。计件工资额等于合格产品数量与计件单价的乘积,其中,计件单价根据标准工时和标准产量来确定。相对于计时工资,计件工资激励作用更明显,极大程度降低监督成本。计件工资适用于以下情况:工作性质重复,工作量易于计量,作业数量能够单独计算;工作监督困难或监督成本较高,不适合采用计时工资计划;生产任务饱满,鼓励员工提高劳动效率,在保证工作质量的前提下,增加产出数量;有完善的管理制度(如质量检验、工作量统计、工作测量、数据化管理等)。在类型方面,计件工资计划分为直接计件工资、差别计件工资、标准工时计划等。

直接计件工资是确定一段时间内的标准产出数量,然后根据标准产出数量确定单位工资率或计件单价,最后根据实际产出和单位工资率计算实际薪酬。其优点包括:简单明确,员工容易了解和接受,对员工具有直接刺激作用。其缺点是,工作标准难以确定,需要进行时间研究,成本较高。工作标准过高,员工产生相对剥夺感;相反,工作标准过低,企业成本压力较大。

差别计件工资由泰勒提出,即根据工作定额管理原则,按一流工作水平科学地确定工作定额(或标准作业量),根据工人完成标准情况,有差别地给予计件工资。泰勒差额计件工资有两种计件单价,低于工作定额的员工对应较低计件单价(R_L),高于工作定额的员工对应较高计件单价(R_H)。此外,与泰勒差额计件工资类似的还有莫里克计件工资,与泰勒差额计件工资不同,莫里克计件工资有三种计件单价。

标准工时计划是确定正常劳动熟练程度的员工完成某种工作任务所需时间,再确定完成工作任务的标准工资率。即使个体以少于标准时间完成工作,依然可以获得标准工资率,其单位时间工资率将得以提高。标准工时计划具有计件工资的特征,优点在于计件报酬不必随着每一次产出率变化而重复计算,对于重复动作少、技巧要求较高的长周期工作而言,标准工时计划更为实用。

在此基础上,发展出许多与标准工时相联系的计件工资计划,如海尔塞计划、罗曼计件工资计划、甘特计划等。其中,海尔塞计划主张通过时间研究确定完成某项任务的标准工作时间,如果员工少于标准工时完成,那么因节约时间而产生的收益由组织和员工分享。罗曼计件工资计划与海尔塞计划的区别在于,随着节约时间增加,员工能够分享的收益比率逐渐上升。甘特计划比海尔塞计划的激励力度更大,如果完成工作时间少于标准工时,则按标准时间计付工资,并按一定奖金率计付奖金。

(二)计时工资计划

计时工资计划是按照单位时间工资标准和实际工作时间支付工资的形式。在实际工作中,一般是按特定的薪酬体系为员工个人或岗位(职务)确定工资级别和相应的单位时间工资标准,然后再按实际工作时间计付工资。其计算公式为:计时工资额=单位时间工资标准×(制度工时内)实际工作时间。计时工资计划具体包括小时工资制、日工资制、月工资制、年薪制等形式。计时工资计划的特点包括:第一,实行计时工资制,员工在单位时间内的工资取决于工资标准,而工资标准由劳动复杂程度等决定。第二,在工资标准既定情况下,计时工资主要取决于实际劳动时间长短。第三,计时工资计划简单易行、适用范围广。第四,计时工资计划不鼓励员工把注意力集中在产品数量上,更关注产品质量。第五,计时工资计划以既定工资标准和工作时间来计量与支付劳动报酬。一般来说,员工可以得到稳定收入,不会导致员工过于紧张,有益于员工身心健康。

计时工资计划适用条件包括:不便计件的工作;质量比数量更重要的工作;产出任务波动性较大,任务多少不取决于本人的生产或工作部门;人员规模较小,上级对下级可实施严密监督的单位。

(三)绩效工资计划

绩效工资计划又称绩效加薪,是将基本工资增加与员工绩效等级联系的绩效奖励计划,体现对过去的工作行为或绩效成果的认可和奖励。绩效工资是基本薪酬的累积性增长,随着时间推移,基本薪酬会超过薪酬区间中值,如果比例较高、人数较多,则基本薪酬会整体上涨,因此,绩效工资需要确定合理的加薪幅度、时间和实施方式。此外,绩效工资虽然以绩效为基础,但同时也要考虑市场薪酬,高绩效员工绩效加薪幅度较大;反之则较小。低于市场薪酬的员工增薪幅度较大;反之则较小。

绩效工资计划的优点包括:基本薪酬增长与个人绩效联系,促进员工提升绩效;加薪与组织盈利状况、市场薪酬以及物价指数等相关,具有灵活性和及时性。其缺点包括:绩效加薪具有累积效应,导致基本薪酬成本持续上升,不利于薪酬成本控制;员工过于关注个人绩效,给团队协作带来不利影响。

(四)一次性奖金

为了避免绩效工资的成本累积效应,许多企业采用一次性奖金代替绩效工资。一次性奖金在决定对何种行为或结果提供报酬,对何种群体进行激励,以及以何种周期进行激励等方面,具有较强的针对性和灵活性,与组织、团队或个人绩效相联系,具有较小的刚性,不会带来基本工资持续增长。此外,一次性奖金属于即期收益,与绩效直接联系,具有较强的激励性。

一次性奖金制定的程序和步骤包括:根据组织整体经济效益以及非经济性目标完成情况,结合薪酬预算计划,确定组织奖金总额;根据部门的战略贡献和部门绩效评价,确定部门奖金总额;以职位评价点值、职位等级、绩效水平、基本工资等作为参考因素,进行部门奖金内部分配。

(五)特殊绩效认可计划

特殊绩效认可计划是一种现金或非现金的绩效认可计划,即在个人或团队超出预期绩效的情况下,组织给予的多种形式的物质或精神奖励。其优点包括:针对超出组织期望和要求的行为与结果,鼓励员工接受挑战性目标;没有固定内容和形式,可以是货币、服务、实物等;激励与组织价值观一致的行为,清晰告知员工什么行为和结果是受鼓励的,使员工关注自身行为,与组织目标和文化一致;奖励方式、时间、内容均与一般绩效奖励不同,具有更强的灵活性和多样性。其缺点在于:具有随机性和灵活性的同时,增加了管理难度,如果沟通不充分容易产生误解。

特殊绩效认可计划的步骤和程序是:第一,确定计划目标。特殊绩效认可计划是其他绩效奖励计划的重要补充,设计和实施特殊绩效认可,要确保与组织战略、薪酬战略相一致,引导和影响员工行为。第二,确定特殊绩效认可计划的类型和数量。特殊绩效认可计划分为正式认可计划、非正式认可计划和日常认可计划等。第三,确定需要激励活动的类型和性质。个体和团队符合组织要求的工作行为和绩效均需要被激励和强化,如生产率提升、服务质量改进、突破性的研发成果、符合组织期望的工作行为和特定项目等。第四,确定奖励的类型、水平、频率、方式等。奖励分为经济型和非经济型,前者如奖金、晋升、假期、实物等,后者如表扬和赞美等。奖励水平依据特殊绩效的贡献和作用而定。正式认可计划有严格的时间和周期规定,非正式计可计划和日常认可计划则没有限制。正式认可计划有严格的评选程序,非正式认可计划具有更大的灵活性。

二、群体激励计划

群体是人们为了某个共同目的,以特定方式结合,彼此相互作用,心理上存在共同感并具有情感联系的集合体。群体的特点包括：群体成员具有共同目标；为了实现共同目标，成员需要遵守共同规范；群体具有一定的结构，成员有自己的角色、权利、利益和责任；成员彼此意识到对方，心理上存在依存关系和共同感。

个体绩效激励计划会导致员工将自己视为独立个体，不会将自己与整个群体紧密联系，群体激励计划则可以克服上述问题，将团队成员的薪酬与团队绩效相联系，促进团队内部知识分享、协作支持，有利于员工参与决策，促进团队创新，提升团队绩效，强化组织文化。与此同时也要注意，团队薪酬将员工薪酬与团队绩效相联系，增加了员工风险。此外，团队薪酬分配不公平会使员工产生不满情绪，影响团队效率，甚至影响未来是否继续合作。群体激励计划包括以下类型。

（一）利润分享计划

利润分享计划的基本思想是，按照一定比例将超过目标利润的部分利润分配给员工，本质上属于利润分红计划。根据利润分享计划，所有或者某些特定群体的员工按照事先设计的公式分享创造利润的某个百分比。利润分享计划的形式包括：第一，即期利润分享。直接以现金形式分享组织利润的某个比例，这种方式最常见。其具体分享比例一般由雇主决定，往往附带一定的目标利润条件，分配比率采用固定比例、累进比例等。第二，延期利润分享。采取延期支付形式，在委托管理机构的情况下，将员工实得利润分配额按预定比例存入员工个人账户，或用于企业补充养老保险（企业年金），作为员工退休后的养老金收入，同时享受较低税率优惠。

利润分享计划不会增加固定工资成本，有利于控制劳动力成本，此外，超过目标利润的部分才会奖励给员工，具有较强灵活性。利润分享计划将员工利益与公司目标相联系，促进员工关注公司发展，对组织目标有更强的认同感。但与此同时，利润受到外部环境影响，如经济环境、突发社会事件等，个人能力和努力的影响作用比较有限，尤其是普通员工对利润的影响较小，高层管理者对利润的影响较大，而员工需为此承担风险，可能存在抵触情绪。此外，利润目标与个人关系较为间接，员工也可能存在群体惰化或"搭便车"心理，削弱激励效果。

（二）收益分享计划

收益分享计划是与员工分享生产率提高、成本节约或质量提升等所带来收益的绩效奖励计划。收益分享计划并不分享利润，而是与生产率、质量改善、成本节约等相联系，相比利润目标，效率、质量和成本指标更易控制、更具体，与员工行为和努力的关系也更接近，从这个角度理解，收益分享计划具有更好的激励效果。收益分享支付周期更短、次数更频繁，相较于利润分享计划主要适用于组织层面，收益分享计划则更灵活，在部门和团队层面也可以开展。收益分享计划不会减少组织目标利润，资金来源具有自筹性质。其具体形式包括斯坎伦计划、拉克计划等。其中，斯坎伦计划侧重于劳动力成本节约和劳动效率提升，拉克计划则侧重整体生产成本节约。

(1) 斯坎伦计划。斯坎伦计划由美国俄亥俄州钢铁厂工会主席约瑟夫·斯坎伦(Joseph Scanlon)于1935年提出。该计划规定,如果工厂的劳动力成本占产品销售额的比率低于某一特定标准,意味着单位劳动力成本带来更多产出,员工劳动效率得到提升,因此,雇员可以获得货币奖励。在斯坎伦计划中,最重要的指标是斯坎伦比率,斯坎伦比率=劳动力成本/SVOP。SVOP是指企业在一定时期内的产品价值总额,它不仅包括企业在这段时间已经销售出去的产品价值,还包括企业已经生产出来但还未销售出去的产品价值。如某企业的基准斯坎伦比率为40%,某月SVOP为95万元,则计划工资额为95万元×40%=38万元,如果当月实际工资额为33万元,则相对于产品价值总额,节约了5万元劳动力成本,节约额可以在企业和员工之间按照某种比率进行分配,员工分配部分即为奖金,企业分配部分可用于利润积累,也可以在后续各期弥补斯坎伦比率过高导致的奖金缺口。

(2) 拉克计划。拉克计划由艾伦·拉克(Allen Rucker)于1933年提出,该计划不仅关注劳动力成本节约,更重视整个组织生产成本节约。拉克计划根据增值公式衡量生产效率改进,其中,价值增值=销售额-购买的原材料成本、供给成本和服务成本等。价值增值越大,说明企业附加价值越大。拉克比率表示每一单位雇佣成本能产生的价值增值,拉克比率越高,说明单位劳动力成本带来的价值增值越大,劳动效率越高,拉克比率=价值增值/雇佣成本。员工奖金=(当期拉克比率-期望或目标拉克比率)×当期雇佣成本×分享比例。从上式可以看出,奖金支付的前提条件是当期拉克比率高于目标拉克比率。

(三) 成功分享计划

成功分享计划又称目标分享计划,是基于平衡计分卡和目标管理思想,将组织总体目标分解为各职能部门目标和个人目标,当完成或超过经营目标时,根据目标完成情况,向所有员工支付奖励的绩效奖励计划。

利润分享计划主要关注组织利润目标,收益分享计划主要关注部门或团队的成本有效性目标。与利润分享计划和收益分享计划不同,成功分享计划关注组织、部门或团队层面上更广泛的目标体系,既包括财务目标,也包括内部流程、客户满意、学习与成长等目标。另外,成功分享计划通过组织上下共同参与目标制订过程,使员工了解成功分享计划内容,明确自身努力与计划实现之间的关系,因此,激励作用更加显著和全面。

三、长期激励计划

长期激励计划是根据较长周期的绩效目标完成情况而支付的激励计划,通常以3~5年为周期。长期激励计划将员工薪酬与组织长期绩效目标相联系,培养员工所有者意识,强调长期计划和长期结果,避免短期倾向,有利于招募高素质员工以及保留优秀人才。

长期激励计划具有以下作用。

（1）有利于吸引和保留核心人才。通过让员工参与利润分配，认可员工价值和贡献，增强员工归属感和认同感。此外，许多企业对长期激励计划的实施条件进行事先约定，如员工只有长期留任才能获得延期支付回报，有助于保留核心人才。

（2）促使公司业绩提升。根据委托-代理理论，长期激励计划是将委托人和代理人利益趋于一致的制度设计。通过股权激励将组织利益和个人利益紧密联系，提升和改善员工态度行为，从而提升组织效率和绩效。

（3）激发员工创新开拓意识。员工享有剩余索取权，与企业共担风险和收益，促使员工积极开展技术创新和管理创新，谋求更多创新利润。长期激励计划是成长型的高科技企业重要的人力资本投资方式。

（4）促进员工关注企业长期发展，减少短期行为。如果仅将管理者收益与短期目标相联系，可能导致决策短期化，影响组织长远发展。长期激励从产权角度将经理人员的报酬与公司长期绩效相联系，有利于管理人员减少短期行为，采取长期导向的决策风格，不仅关注短期财务收益，同时关注企业未来价值，保证行稳致远。

长期激励计划分为长期现金计划和长期激励股权计划两种类型。前者是在长期项目或任务完成后，以现金为媒介的激励计划。后者多以股权为媒介，常见形式包括现股计划、期股计划、股票期权计划、员工持股计划、限制性股票计划、虚拟股票计划和管理层收购等。

（一）长期现金计划

长期现金计划是指对超过1年的个体或团队绩效直接给予现金奖励的激励方式，主要适用于非营利性组织、非上市公司或不适用于股权激励的情况。长期现金计划具有以下特征：第一，关注长期绩效。适用于周期较长、对组织竞争优势具有关键作用的重要工作或项目，如研发团队、销售团队、海外经营团队等。第二，强调真实绩效而不是股票价格波动。在无效的资本市场中，股价波动并不能反映企业绩效。长期现金计划基于真实绩效，减少外部环境的干扰，激励作用更直接。第三，股权激励的有效补充。股价波动对员工具有风险，另外，股权激励如果采用自筹方式，需要员工投入购股资金，如果与退休金计划相联系，则员工只能获得延期回报，上述问题导致股权激励不容易被员工接受和认同。长期现金计划向员工支付即期报酬，无须员工投入自有资金，不需要承担风险，因此，更容易被员工接受。

长期现金计划的主要类型包括：第一，项目现金计划。项目现金计划是指为完成一个长期项目（如产品研发）而设立的目标奖励。项目现金计划虽然是长期性质，但也可以与短期激励结合，即根据项目阶段性成果进行短期激励，根据项目最终成果开展长期激励，上述做法可避免奖励周期过长导致激励效果下降的问题。第二，事件相关计划。事件相关计划指对1年以上工作任务的员工进行绩效奖励，或对已经完成部分经营项目的员工给予奖励。如根据海外市场拓展的市场和财务指标，分阶段地对工作团队进行激励。第三，绩效重叠期计划。为了更好地评价工作或决策的长期效果，可以在任务完成后的若干年份，再根据绩效状况支付奖励报酬,从而形成周期重叠的情况。绩效重叠期计划将评价周期延长,可以避免管理者出现短期决策行为。

(二) 长期股权激励计划

1. 现股计划

现股计划是指通过公司奖励方式直接赠予,或参照股权当前市场价值向员工出售股票。员工在当前购买后立即获得股权,同时规定员工在一定时期内必须持有股票,不得出售。

2. 期股计划

期股计划是所有者向经营管理者提供的,接受之后必须购买相应股票的长期激励计划。公司和员工约定在未来某一时期内以规定价格购买规定数量的股权,价格参照股权当前价格确定,对购股后再出售股票期限作出规定,管理人员先行取得所购股份的分红权益,使用分红权益分期支付购股款项,股票收益在中长期兑现。期股计划构成要素包括期股计划受益人、有效期、协议购买价格、购买数量等。与股票期权计划不同,期股计划本质上是一种有义务的权利,强调风险共担和收益共享。两者差别如表9-2所示。

表 9-2 期股计划和股票期权计划比较

内　　容	期　股　计　划	股　票　期　权　计　划
权利与义务	不论未来股票涨跌均需购买	可根据未来股票价格,选择行权或放弃行权
获得产权方式	期股获得的不是权利,而是股份,购股款项来自期股分红和分期付款	获得股票期权时,实际是获得在约定期限内,以确定价格购买一定数量公司股票的权利
获得收益的时间	在获得股份产权之前,可先行取得所购股份分红权等部分收益	实施股票期权,在行权日之前不能买卖股票,因此不能获得收益
风险承担	一旦接受这种激励方式,必须购买股权。当股票贬值时,经理人员需要承担相应的损失	当股票贬值时可以放弃行权,损失部分期权费,从而避免股票贬值带来的风险
激励效果	收益共享、风险共担,引导经理人稳健经营,避免过度冒险。受风险能力和投资能力限制,股权数量不大	经理人承担很小的风险,期权数量不受其风险承担能力的限制。鼓励经理人员创新和冒险

3. 股票期权计划

股票期权计划是授予管理人员在规定时间内以事先约定的价格购买一定数量的公司股票的权利,并有权在一定时间后将股票在市场上出售。购股价格一般参照股票的当前市场价格确定。如果未来股票价格上涨,可以选择行权,获得股票增值收益。如果未来股票价格下跌,可以放弃行权,期权本身不能转让。股票期权是一种权利,而非义务,受益人只需付出期权费,即可以获得这种权利,甚至有些企业会免去期权费,期权可以无偿获得。在期权计划中,真正对经营者产生利益驱动的是股票市场价格与行权价格的差价。股票期权计划通常只给予对象享有股票增值所带来的收益,在行权之前不支付股息,只有在行权之后才可以获得股息分配。

股票期权具有长期激励作用,但前提条件是股票市场具有有效性,即股票价格能够反映公司实际经营状况。股票期权构成要素包括:第一,授予对象。对此存在两种不同观点:一种主张针对高层管理人员和核心员工,另一种则认为可以扩展至普通员工。总的来说,期权应在保留和激励关键人才方面发挥重要作用。第二,期权数量。期权数量是激励对象能够购买的股票数量,反映股票期权规模。确定期权数量时,需要考虑期权数量占公司总股本比例、职位价值和贡献大小等因素。第三,行权价格。行权价格是期权受益人购买股票的价格。我国《上市公司股权激励管理办法》中对行权价格作出规定,行权价格不应低于下列价格较高者:①股权激励计划草案公布前1个交易日的公司股票交易均价;②股权激励计划草案公布前20个交易日、60个交易日或者120个交易日的公司股票交易均价之一。第四,行权期限。股票期权受益人只能在规定期限内行使股票期权,超过期限不再享有,一般4~10年较为常见。

4. 员工持股计划

员工持股计划于1956年由美国律师路易斯·凯尔索(Louis Kelso)提出,是员工通过自身劳动获得股权的激励方式,是公司内部员工个人出资,享受优惠价格认购公司部分股份,委托员工持股信托基金在一定时间内集中管理的产权组织形式。员工持股计划的理论基础是委托-代理理论,通过员工持股,承认员工的劳动力产权,使员工参与利润分配和获得资本收益,促使组织目标和员工目标一致。相较于其他股权激励计划针对管理层和核心员工,员工持股计划范围更广,普通员工也可以参与。

员工持股分为两种类型:第一,杠杆型员工持股。通过信贷杠杆,由公司出面担保,向银行或其他金融机构贷款购买股票,并将股票转入专门的托管机构进行管理,托管机构获得贷款后,回购公司一定数量股份存入托管机构的雇员暂记账户,通过股息分配偿还银行贷款,一旦付清本金和利息,股票则转入员工个人账户,个人账户股份在雇员退休或离职时发给员工,员工选择出售给本公司或在股市转让。第二,非杠杆型员工持股。由公司每年向该持股计划贡献一定数额的公司股票或用于购买股票的现金,员工不需支出。

5. 限制性股票计划

限制性股票计划是企业按照预先确定条件授予经营管理人员一定数量的本公司股票,激励对象在工作年限或业绩目标符合相关条件的前提下,可以出售限制性股票并从中获益的激励方式。限制性股票计划一般以时间或业绩为条件,主要对象为高层管理者。

限制性股票计划包括时间限制性股票和业绩限制性股票两种类型:第一,时间限制性股票是指分阶段向高管人员授予全值股票。在运用这种长期激励方法时,一般不会针对高管设立绩效目标。时间限制性股票在期初就确定以后各年授予的股票数量,因此,高管人员收益随着股价波动而变化,通过这种方式,高管人员与股东在利益上趋于一致,只有改善企业经营状况,推动股价上升,双方才能获得共同收益。第二,业绩限制性股票也是分阶段向高管人员授予,但有相应的业绩目标要求,一般局限于上市公司的相关财务数据及指标,如净利润增长率、净资产收益率等,只有高管人员达成了绩效目标,才向其授予股票,以此激励高管人员创造更好业绩。

限制性体现在获得条件和出售条件两方面。限制性股权的受益人只有在达到约定的绩效条件或者工作年限时才能获得限制性股票。此外,限制性股票还有不短于 1 年的禁售期限,在禁售期内受益人不得转让出售股票。限制性股票拥有者的权利和义务是对等的。在限制性股票计划中,经营管理人员通过自有资金或者公司激励基金购买股票后,股价涨跌将直接影响个体利益。

6. 虚拟股票计划

虚拟股票是虚拟的,仅以股票作为载体,并不是真正的股权,持股人不是真正意义的股东,而是公司内部虚构出部分股票,仅在账面上反映,采用内部结算方法,在公司奖励基金中单独列出虚拟股票分红的专项资金,以此奖励给员工。虚拟股票计划是公司授予激励对象虚拟形式存在的股票,激励对象据此享受规定数量股票的分红权和股价增值收益,但不具有所有权、表决权和配股权等,不能转让和出售,在离开组织时自动失效的激励方式。其中,股价增值收益以虚拟股票授予和行权时股票价格的差价乘以持有股数来计算应得收益。这种增值收益有两种形态:一种是借助上市公司股价变动计算的收益,国外通常将这种计划称为股票增值权计划,另一种是借助非上市公司的股权收益(如分红)所计算的奖励性基金收益。

虚拟股票不会影响公司资本结构和所有权结构,不造成实际的股权稀释,不需要激励对象出资实际认购股票,减轻激励对象的经济压力,同时充分利用股票所有权的激励性。

7. 管理层收购

管理层收购是杠杆收购的一种特殊情形,是指目标公司的管理层通过借贷融资购买本公司的股权或资产,从而改变公司的所有者结构、控制权结构和资产结构,使管理层以所有者和经营者身份控制目标公司,并获得预期收益的并购行为。管理层收购有利于企业明晰产权、降低代理成本,实现管理者的自我激励和约束,有利于不良资产的剥离和重组。在我国,金融市场发展仍需规范和提升,相关法律制度仍需完善,因此,上述情况给上市公司推行管理层收购造成一定困难。

四、绩效奖励计划的选择

(一)个体绩效激励计划和群体激励计划的选择

个体绩效激励计划与群体激励计划具有不同的特点和适用条件,管理者需考虑组织文化、岗位特征等因素选择适当的激励计划。

（1）个体绩效激励计划的特点。其优点包括：第一，激励性强。个体绩效激励计划具有低刚性和高差异性，员工需保持足够的投入和努力才能获得期望的奖励薪酬。第二，降低监督控制成本。个体绩效激励计划以结果为导向，相较于计时工资，员工具有自动自发性，不需要过多监督和控制，有利于降低管理成本。第三，以客观标准反映员工绩效。个体绩效激励计划以产出为导向，绩效具有客观性和可测量性，易于员工接受。第四，有利于劳动力成本控制。奖励薪酬不累积员工基本薪酬，具有较低的刚性。此外，相较于计时工资，个体绩效激励计划更能促进员工提高劳动效率，更好地进行成本控制。其缺点包括：第一，绩效标准难以确定。标准过低或过高，会对劳动力成本或薪酬水平产生影响，绩效标准制定受到主客观因素影响，需要组织和员工达成共识。第二，影响利他行为和组织公民行为等。结果导向会导致员工仅关注产量最大化，而忽视产品质量、客户服务水平等，不愿向他人提供协作和帮助、分享知识和经验、承担角色外行为等。第三，不利于员工灵活配置。个体绩效激励计划鼓励员工沿着特定职业生涯通道发展，不利于人员弹性配置。

（2）群体激励计划的特点。其优点包括：第一，改善组织氛围。增强团队内部成员的协作精神，改善团队的心理和人文背景，促进创新和变革。第二，有利于促进流程绩效。群体激励计划不仅促进团队内部协作，也促进系统思考和心智模式改变，从而改善组织流程绩效。第三，团队绩效较个人绩效容易衡量。个人绩效受到个人和环境因素的共同影响，也无法明确区分个体投入和团队协作的贡献孰大孰小。团队绩效是团队整体的工作成果，更易于衡量。第四，鼓励员工积极参与组织决策。员工更为关注组织和团队事务，积极参与组织决策，可以改进群体决策质量。其缺点包括：第一，与个体绩效激励计划比较，群体激励计划的激励性较弱。群体激励计划不容易激发个别员工的努力，在某些具体业绩目标上可能比不上个体绩效激励计划的激励效果。第二，容易出现责任分担的现象。由于"搭便车"和群体惰化，群体中个体比单独个体在工作投入方面减少。第三，员工薪酬风险上升。个人绩效取决于个人努力，团队绩效与个人努力关系较为间接，因此，在团队绩效下降的情况下，员工可能不愿意承担损失风险。

（3）个体绩效激励计划和群体激励计划选择需考虑的因素。第一，组织文化。在个人主义的组织中，个体比较独立，追求个人独特性，将个人利益置于优先位置，因此，个体绩效激励计划更能满足其需求。在集体主义的组织中，员工将集体利益置于优先位置，实行群体激励计划更体现平等性、更有效。第二，个人努力与绩效之间的关系。如果个人绩效更多取决于员工自身努力，适宜采用个体绩效激励计划。如果任务依赖性较高，工作结果由团队共同产出，无法衡量个人贡献所占比重，更适用群体激励计划。第三，组织经营状况。当企业经营环境、生产方法和要素组合相对稳定时，可以制定较为稳定和清晰的个人绩效标准，并运用标准实施奖励。如果企业处于动态环境中，劳动要素组合和个人绩效标准多变，则适用群体激励计划。第四，工会化程度。工会具有维护劳工权益的功能，如果工会化程度较高，工会对薪酬决策影响力较大，倡导平等分配，多采用群体激励计划。相反，如果工会影响力较小，资方出于效率原则，更多采用个体绩效激励计划。

（二）短期激励计划和长期激励计划的选择

（1）短期激励计划的特点。其优点包括：结构合理的短期激励可以改善组织绩效，并成为激励员工的有力管理工具；短期绩效激励对于比较注重即时反馈和短期奖励的员工能够达到良好的激励效果。其缺点包括：以短期业绩为评价标准，使得员工看重短期利益，甚至产生投机行为。

（2）长期激励计划的特点。其优点包括：第一，允许员工分享企业成功，员工更有责任感，个人利益与股东利益趋于一致。第二，有效分散对短期绩效过多的注意力，注重长期考虑，注重工作质量，有利于长远发展。第三，吸引和保留核心员工。长期绩效激励占核心人员薪酬较大比例，可以作为有效的留人工具。第四，有利于员工职业发展、收入增加，提高员工的投资风险意识。其缺点包括：第一，长期绩效激励在未来较长时间期限兑付，对员工而言，意味着更大的不确定性，会削弱长期激励效果。第二，较长的期限提升了重新签约或委托人违约的可能性。

（3）短期激励计划和长期激励计划选择需考虑的因素。其包括：第一，健全有效的股票市场。员工持股计划需要健全、有效的股票市场作为前提，如果股价不能有效反映公司业绩，存在过多的无效干扰因素，会降低股权计划的激励作用。第二，公司经营追求长期多元化目标。组织不仅追求短期的财务目标，同时考虑可持续发展以及社会责任等多元目标体系，组织发展依赖于长期决策和行为，在这种情况下，更适合采取长期激励计划。如果企业更多追求短期财务目标，短期目标实现在被激励对象的可控范围之内，则倾向于采取短期激励计划。

即 测 即 练

第十章

薪酬成本控制和薪酬预算

本章学习目标

1. 人工成本的定义、构成；
2. 薪酬预算的定义、影响因素、预算方法；
3. 薪酬成本控制的定义和原则；
4. 薪酬成本控制指标体系。

引例

M 企业业务扩张带来的困惑

M 企业经历十几年的艰辛创业和发展，已成长为一家集技术投融资、项目建设和项目托管于一体的综合性专业环境工程公司。凭借雄厚的技术力量，公司拥有多项国家重点环境保护实用技术示范工程，并在印制线路板、废水治理、电镀废水治理、印染废水处理、食品等高浓度有机废水处理和生活污水处理等领域形成了一套成熟、稳定的处理工艺。

M 公司的人员也由最初的十几人发展到现在的 300 多人。由于发展速度很快，部门逐渐增加，组织架构也处于经常的调整之中，投资公司、子公司、独立托管项目部也在短短的几年相继成立和运营。

在企业的快速成长过程中，老板很困惑：成立一个投资公司/子公司/项目部，各负责人就会说人不够，逼着老板签字招人，而且人总是不够。负责人力资源的总经办也拿不出很好的建议，能压就压，压不住就逼到老板这里来了。财务中心年底进行利润核算，看不到预期利润。企业内部出现了营销中心"签单很热闹"、财务中心"资金运营紧张"、总经办"工资成本逐年水涨船高"、员工抱怨"收入偏低"的现象。下属和管理人员抱怨："老板真小气，销售额越来越高，怎么发的工资没见涨多少？"财务部门也抱怨："管理费用太高，能发的工资就这么多，总经办怎么不控制人员？"总经办更是觉得冤枉："老板要扩展业务，我能不花钱招人进来吗？再说平均工资涨得很少啊。"

以上情景在许多企业里应该都不陌生。那么，到底多少人工成本才算合适呢？企业又应该如何控制人工成本呢？

资料来源：成本把控：如何抑制过高的人工成本？[EB/OL].(2021-01-05). https://mp.weixin.qq.com/s/xvOKpPZbdZTyToYe4Nyfew.

第一节 人工成本管理概述

一、人工成本的定义

有关人工成本定义存在多种解释和理解。1966年在日内瓦举行的第十一届国际劳动经济会议上形成的《人工成本会议议案》中最早通过的人工成本，是指雇主在雇用劳动力时产生的所有成本费用总和。美国会计学家罗杰·赫曼森（Roger Hermanson）在1964年提出人力资源会计理论，指出人力资源会计是鉴别和计量人力资源数据的会计程序与方法，包括人力资源计量和人力资源价值计量等方面。人力资源会计理论认为，人工成本是组织在涉及人力资源取得、开发、使用、保障和离职等方面投入的成本。在我国，国务院国有资产监督管理委员会于2003年基于对企业人工成本基本状况的调查，将人工成本定义为：企业在一定时期内，在生产、经营和提供劳务活动中，因使用劳动力而支付的直接费用和间接费用的总和。

二、人工成本的构成

根据《人工成本会议议案》，人工成本包括以下方面：已完成工作的工资；未工作而有报酬时间的工资；奖金与小费；食品饮料及此类支出；雇主负担的员工住房费用；雇主支付的雇员的社会保险支出；雇主对职业培训、福利服务和杂项费用的支出，如工人的交通费、工作服、健康恢复支出及视为人工成本的税收等。

根据人力资源会计理论对人工成本的定义，人工成本包括：第一，取得成本。其包括招聘成本、选择成本、录用成本、安置成本等。第二，开发成本。其包括岗前培训成本、岗位培训成本、脱产培训成本等。第三，使用成本。其包括维持成本、奖励成本、调剂成本等。第四，保障成本。其包括健康保障、劳动事故保障、退休养老保障、失业保障等。第五，离职成本。其包括离职补偿成本、离职前低效成本、空职成本等。

我国劳动和社会保障部于2004年颁发《关于建立行业人工成本信息指导制度的通知》规定，人工成本总额包括：从业人员劳动报酬总额、社会保险费用、福利费用、教育经费、劳动保护费用、住房费用和其他人工成本等内容，具体如表10-1所示。

表10-1 人工成本构成

人工成本项目	具体说明
从业人员劳动报酬总额	企业在确定周期内，向员工支付的按规定形式计算的工资、奖金、津贴补贴以及因特定情况需要支付的全部报酬
社会保险费用	国家法律规定的由企业缴纳的养老、医疗、失业、工伤、生育保险、补充养老保险、补充医疗保险等

续表

人工成本项目	具 体 说 明
福利费用	在工资、社会保险以外按国家规定支付的职工福利和企业自主福利,主要用于员工工作、生活、交通等福利费用
教育经费	为提高劳动者素质和文化水平而发生的费用,包括工作各阶段的培训,入职培训、在职继续教育培训、转岗、升迁培训等
劳动保护费用	为保护劳动者人身安全而购买的劳动保护设备和用品的费用
住房费用	企业为改善员工居住条件而支付的费用,包括:职工住宿费、企业缴纳的住房公积金、住房补贴等
其他人工成本	包括咨询费、招聘费用、工会经费、劳务费、劳动补偿金等其他人工成本费用

根据财政部 2006 年颁布的《企业会计准则》和《企业会计准则应用指南》,薪酬是企业为获得职工提供的服务而给予的各种形式的报酬以及其他相关支出,包括以下方面:职工工资、奖金、津贴和补贴;职工福利费;医疗保险费、养老保险费、失业保险费、工伤保险费和生育保险费等社会保险费;住房公积金;工会经费和职工教育经费;非货币性福利;因解除与职工劳动关系给予的补偿;其他与获得职工提供的服务相关的支出。

三、人工成本管理的内涵及作用

企业劳动力市场竞争日趋激烈,导致人工成本持续增长,人工成本在企业成本总费用中所占比率较大,有效控制人工成本的作用日益重要。从定义上,人工成本管理是企业针对在生产经营活动中劳动者所发生的全部成本费用,进行界定、预算、核算、支付、分析、评价和调整等系列管理行为。具体而言,人工成本管理内容包括人工成本指标分析、事前人工成本预算编制、事中人工成本核算以及事后人工成本决算分析等。现代人工成本管理理论认为人工成本不同于财务维度的其他成本,如物料成本、财务成本等,它不仅是成本消耗,也具有人力资源投资价值,同时具有成本和投资属性。

人工成本管理与组织竞争优势存在密切关系。根本而言,人工成本管理的目的是平衡组织利润积累和员工需求之间的关系。两者关系看似对立,实则统一。人工成本过高会导致利润积累不足,造成短期经营风险,影响组织长期发展。此外,由于人工成本存在边际效用递减效应,无条件地增加员工薪酬,激励效果会递减。相反,人工成本过低会引发员工的相对剥夺感,破坏组织和员工之间的心理契约。

第二节 薪酬预算和薪酬控制

一、薪酬预算的定义

简而言之,预算是预先计划相关成本费用,是特定主体要实现何种目标以及准备以何种成本或代价来实现目标的计划过程。薪酬预算是指企业在一定时期，为雇员提供直接或间接薪酬所制订的财务计划，反映组织在薪酬管理中进行成本开支方面的权衡和取舍。薪酬预算包括薪酬分配总额和分配结构两方面。前者表明企业将多少薪酬资源用于分配，需要确定合理的薪酬费用比率或劳动分配率等。后者表明薪酬资源在各个薪酬项目的分配结构和比例，如确定直接薪酬和间接薪酬、固定薪酬和浮动薪酬、短期薪酬和长期薪酬、即期薪酬和延期薪酬等以及各具体薪酬项目的比例关系。

薪酬预算的作用体现在以下方面：第一，有效平衡利润积累与薪酬分配之间的关系。整体平衡企业财务状况、市场压力、成本控制等之间的关系，确保薪酬成本不超出企业支付能力，同时降低员工流动和提升员工绩效。第二，支持组织人力资源战略。在财务资源一定的情况下，在薪酬分配和利润积累之间，以及各薪酬项目之间存在此消彼长的关系，因此，薪酬预算能体现和支持组织人力资源战略，从而实现组织战略。第三，有效改善员工态度行为。合理的薪酬预算对降低员工离职率、缺勤率和减少反生产行为等均具有显著作用，对提升员工士气、改善组织氛围具有显著作用。

二、薪酬预算影响因素

总的来说，薪酬总额等于员工平均薪酬水平和员工人数的乘积，因此，两者的影响因素同样会影响企业薪酬预算水平。在薪酬总额一定的情况下，员工平均薪酬和员工人数呈反比例关系，因此，高效率和高素质的员工队伍与薪酬预算具有互为促进的关系。薪酬预算影响因素包括以下方面。

（一）个体因素

如果员工工作成熟度、任职资格、年资、工作绩效整体较高，薪酬预算将会增加。此外，更多员工达到绩效加薪和晋升加薪的标准，也会导致薪酬预算增加。

（二）企业因素

第一，企业薪酬支付能力。这是最重要的薪酬预算决定因素，主要与组织财务指标完成情况及良好程度，组织盈利状况与组织战略、经营管理水平等存在密切联系。本质而言，薪酬支付能力与组织竞争优势密切相关，即企业具有的在自由、公平的市场条件下生产经得起市场考验的产品和服务，创造附加价值，从而维持和增加企业实际收入的能力程度。第二，薪酬水平策略。人力资源战略决定薪酬水平策略的选择，不同的薪酬水平策略具有不同的薪酬预算导向，如市场领先策略意味着更高的薪酬预算水平。此外，薪酬水平更倾向于内部一致性或外部竞争力也会影响薪酬预算。第三，薪酬增长幅度。合理的薪酬增长率有利于满足员工期望，消除通货膨胀的影响，也可以保证薪酬政策的一致性和连贯性。第四，企业人力资源需求。人力资源需求与组织的管理和技术变革等存在密切联系，企业需要在精减和高薪、冗余和低薪两种人力资源模式之间进行选择。当员工人数增加时，总体薪酬支出会随之增加，如果实施"人海战术"，必然导致高人工成本和低员工满意度并存。因此，在薪酬预算中需考虑雇用替代与新增雇用需求对薪酬预算的影响。

（三）环境因素

第一，市场薪酬水平。这是薪酬预算的重要参考，通过薪酬调查获得准确、及时的薪酬水平数据，为薪酬预算决策提供依据。第二，生活成本变化。生活成本变化要求调整薪酬水平，否则即使薪酬水平不变，员工实际收入也将下降。在实践中，常采用CPI（消费者价格指数）衡量生活成本变化，由于CPI只包括部分生活必需品的价格变化，并不能完整反映个体生活成本变化，因此，仅具有一定的参考价值。第三，劳动力供求状况。当劳动力市场供不应求时，均衡工资水平将上升，将提升薪酬预算水平；反之，则会降低。此外，劳动力供给的价格弹性也会影响薪酬预算，弹性越小，薪酬成本压力越大；反之，则越小。第四，法律制度。薪酬政策必须符合相关法律法规，如劳动合同法、最低工资保障、社会保障制度等，企业需在法律允许和规定的框架下，开展工资和福利的预算管理。

三、薪酬预算的方法

（一）宏观接近法

宏观接近法是管理者首先根据组织经营状况和分配比率（如薪酬费用比率和劳动分配率等）确定薪酬总额，然后采取从上往下的方式分配到部门和个人的方法。宏观接近法将组织绩效与薪酬预算总额相联系，有利于薪酬成本控制，有助于推行组织人力资源战略。其缺点在于容易与客观实际以及员工期望相脱节，缺乏灵活性，尤其当组织经营状况不好时，员工需要承担较大风险。其具体方法包括以下几种。

1. 通过薪酬费用比率确定薪酬预算总额

销售收入是决定薪酬支付能力的重要因素，薪酬费用比率是薪酬总额占销售收入的比率。其具体做法是根据组织以往经营业绩，推导出合适的薪酬费用比率，如果企业经营状况不佳，则参考行业平均薪酬费用比率水平。在此基础上，采用组织预测的销售收入总额乘以薪酬费用比率，结合考虑薪酬增长比率，以确定薪酬预算总额。

采取这种方式，能保证薪酬总额在销售收入总额中的合理固定比例，有利于薪酬成本控制，有利于向员工传递市场竞争压力。但与此同时，根据薪酬费用比率确定的薪酬总额只与销售收入联系，没有考虑合理利润积累问题，无法反映其与组织利润之间的关系。

2. 根据盈亏平衡点、边际盈利点和安全盈利点确定薪酬总额

盈亏平衡点是销售收入与总成本相等，经济利润为零的状态。边际盈利点是销售收入除了弥补全部成本之外，还可以给予股东分配适当比例股息的状态。安全盈利点是在弥补

成本和股息分配之外,还能为应付未来风险或危机保留一定盈余的状态。

上述三种状态的前提是企业实现不同的销售收入,并会影响薪酬总额。根据损益平衡分析进行推导,在计算公式方面:盈亏平衡点=固定成本/(1-变动成本比率);边际盈利点=(固定成本+股息分配)/(1-变动成本比率);安全盈利点=(固定成本+股息分配+企业盈余保留)/(1-变动成本比率)。

根据上式确定企业的不同薪酬费用比率。其中,最高薪酬费用比率=薪酬总额/盈亏平衡点;可能薪酬费用比率=薪酬总额/边际盈利点;安全薪酬费用比率=薪酬总额/安全盈利点。如果薪酬费用比率超过最高比率,说明企业经营处于较为危险的亏损状态。

采用上述方法控制薪酬总额,通过量本利分析,可以预测实现盈亏平衡、获取股息、保留盈余等经营目标分别需达到的销售收入,并以此控制薪酬总额,也有利于制订和实现组织经营目标。

3. 通过劳动分配率确定薪酬总额

劳动分配率是企业薪酬费用占附加价值的比率,公式为:劳动分配率=薪酬费用/附加价值。换言之,其是企业单位附加价值中用于支付薪酬的部分。其中,附加价值是企业本身创造的、可用于补偿各种生产要素投入的价值增值部分,如劳动力、厂房、土地、资金和政府公共服务等。附加价值率是附加价值占销售额的比率,公式为:附加价值率=附加价值/销售额,附加价值率越高,说明企业盈利能力越好,薪酬支付能力越强,因此,附加价值率是薪酬分配的基础。

附加价值计算方法有两种:第一,扣减法,即从企业销售额中扣除外购部分。其公式为:附加价值=销售额-外购部分,其中,外购部分包括外购原材料、零部件、外包加工费等。第二,相加法,即将构成附加价值的各项目相加得出,反映各种生产要素获得的补偿。其公式为:附加价值=利润+劳动力成本(薪酬费用)+其他形成附加价值的各项费用(如财务费用、租金、折旧、税收等)。

从公式可以推出,薪酬费用比率=薪酬费用总额/销售额=(附加价值/销售额)×(薪酬费用总额/附加价值)=附加价值率×劳动分配率,因此,以劳动分配率为基准,根据一定的目标薪酬费用可以推算出必须达到的目标销售额,或者根据一定的目标销售额,可以推算出可能支付的薪酬费用及薪酬增长幅度。

(二)微观预算法

与宏观预算法从上往下相对应,微观预算法采用自下而上的程序,先由管理者预测出每位员工下一年度的薪酬水平,再将数据汇总,结合考虑组织经营状况、薪酬增长幅度、物价指数、竞争对手薪酬调整等因素,制定整个组织的薪酬预算。微观预算法比较实际、灵活,且可行性高,更能满足员工的需求和期望,在薪酬预算实际中比较常见。其缺点在于不容易总体控制薪酬成本,另外,如果薪酬预算总额超过了决策者期望,需要作出取舍和权衡。

（三）综合法

由于宏观接近法和微观预算法各有利弊，具有互补性，因此，在实际管理活动中，不少企业将两者相结合。其具体做法是：先以宏观接近法从整体确定各部门薪酬预算，再用微观预算法确定各部门的薪酬预算，通过两者比较，在平衡成本控制和员工期望的前提下，调整部门薪酬预算，确定员工增薪或减薪幅度。

四、薪酬成本控制的定义和原则

（一）薪酬成本控制的定义

控制是管理活动的基本职能之一，其是监督各项活动以保证按计划执行，并采取措施纠正偏差的管理过程。控制活动具体包括：确定相关标准以及衡量指标；将实际结果和既定标准进行比较；如果出现偏差，明确偏差原因并采取纠正措施。

薪酬成本是企业以直接或间接方式分配给员工的薪酬总额。广义的薪酬控制是对整个薪酬体系运行进行监控，以保证其发挥作用。狭义的薪酬控制仅指薪酬成本控制。薪酬控制是在确保组织战略目标的前提下，通过薪酬预算对薪酬总额进行控制，实现组织利润最大化和薪酬效益最大化。薪酬成本的控制目标是贯彻组织薪酬战略，在保证薪酬公平性和薪酬投资收益的前提下，提升组织盈利水平，同时将薪酬成本控制在组织能够承受的范围之内。

（二）薪酬成本控制的作用

薪酬成本控制是企业成本控制的重要组成部分。薪酬成本具有较强的刚性，与企业利润、员工增薪需求、薪酬支付能力等之间存在着冲突，因此，薪酬成本控制具有一定的挑战性。薪酬成本控制的作用包括以下方面。

（1）保证薪酬预算实施。薪酬预算和薪酬成本控制两者不可分割。薪酬预算为薪酬成本控制提供依据和标准，薪酬成本控制可以保证薪酬预算真正实现和执行，并提供相应反馈，对薪酬预算进行调整和修正。因此，薪酬预算和薪酬成本控制贯穿于薪酬管理全过程。

（2）提升薪酬的投入产出比率。薪酬既是成本消耗，同时也是人力资本投资。通过薪酬成本控制，加强人力资源投入产出效益管理，提升人力资源管理有效性。

（三）薪酬成本控制的原则

（1）"两个低于"。在多数情况下，如果采取薪酬费用比率进行成本控制，则薪酬增长比率应低于销售额增长比率以及人均销售额增长比率。如果采用劳动分配率进行成本控制，则薪酬增长比率应低于企业附加价值增长比率以及人均附加价值增长比率。需要特别指出的是,价值分配增长幅度是高于或低于价值创造增长幅度,取决于组织的人力资源管理价值观。

(2) 绝对成本和相对成本相结合。相对成本是绝对成本和劳动效率的函数,即绝对成本越高,相对成本越高。劳动效率越高,则相对成本越低。如果仅仅控制劳动力绝对成本,但在提升劳动效率方面缺乏有效方法,不仅负面影响员工态度行为,也会导致劳动力成本超出可承受范围。

(3) 明确上下限。薪酬成本控制需要明确其可控制的范围,如果超出相应范围,则会导致失控。一般而言,劳动力成本控制的下限是市场薪酬水平和最低工资水平,与劳动力市场相关。控制的上限是企业的薪酬支付能力,与产品市场相关。越接近下限水平,越有利于成本控制;越接近上限水平,则越能满足员工需求。

(4) 自我控制与标杆管理相结合。薪酬成本会通过影响产品服务价格优势,进而影响组织竞争优势,因此,薪酬成本控制不仅要参照企业自身标准,同时也要参考标杆企业和主要竞争对手的控制标准,分析存在的差异和差距,并制定相应对策。

(5) 统筹兼顾、综合平衡。薪酬由不同薪酬项目构成,薪酬成本控制需在薪酬预算约束下,按照合理比例将薪酬分配到各个构成项目之中,优化人工成本结构比例,向员工传递组织战略意图,促进组织目标实现。

五、薪酬成本控制方法

薪酬总额是平均薪酬水平和员工总人数的乘积,因此,需要从这两方面入手进行薪酬成本控制。此外,还可以结合采用某些薪酬成本控制技术和方法,具体包括以下几方面。

(一) 通过雇佣量进行薪酬控制

雇佣量取决于员工人数和工作时数两方面。在薪酬水平确定的情况下,员工人数越少,劳动效率越高,薪酬成本越低;反之,则越高。此外,控制员工工作时数,尤其是加班时间,也可以降低薪酬成本。

(1) 控制员工人数。第一,在人力资源规划方面,需要对组织人力资源需求和供给进行科学预测,维持高效精干的人力资源队伍,减少冗员和人力资源沉淀。第二,提升员工胜任素质,为员工提供成长通道,提升能岗匹配程度,在此基础上,通过结构优化和流程改进以减少人力消耗。第三,采用分层雇佣方式,与核心员工保持长期取向的雇佣关系,针对非核心员工则采用临时雇员、劳务外包、兼职人员等方式,保证人员规模和结构的灵活性与弹性。第四,裁员。虽然裁员对薪酬成本控制具有直接、迅速的影响,但是其副作用也显而易见,如熟练员工流失、对组织心理契约和组织文化的破坏等。

(2) 控制员工工作时数。许多国家的法律法规均规定,如果工作时间超过正常工作时间,需要为额外的工作时间支付更高的加班工资。因此,在加班较为普遍的情况下,需要在延长劳动时间和新雇用员工之间进行成本收益分析,以控制成本。此外,可以提升正常工作时间的劳动效率,减少不必要的加班成本。在劳动力供大于求的情况下,可以通过减少员工工作时数、鼓励员工从事兼职工作、聘用临时雇员、共享用工等方式控制薪酬成本。需要特别指出的是,控制员工工作时数需要遵守相关的法律法规,需要获得工会的认可和支持,以避免产生各类劳动纠纷和争议。

(二)通过调整薪酬水平进行薪酬控制

(1)对加薪范围、幅度进行调整。针对基本工资,加薪范围可以从全体员工调整为某一类型的员工,如只针对低于市场薪酬水平的岗位、绩效表现良好的岗位或关键岗位等。根据企业经营情况,合理控制加薪幅度,避免薪酬增长幅度超出企业薪酬支付能力。需要注意的是,最低加薪幅度能够补偿通货膨胀导致的员工实际收入减少。

(2)通过可变薪酬进行调整。一般而言,可变薪酬占总薪酬比重越高,越有利于薪酬成本控制,但可变薪酬比例过高,员工所承担的风险较大。在此过程中,企业需要平衡员工风险和成本控制之间的关系,考虑岗位类型和职位等级等因素,合理确定比例。与此同时,利润分享计划是将目标利润超出部分分享给员工,而收益分享计划则是与员工分享劳动效率提升、质量改进等带来的收益,不会降低组织的目标利润,因此,相较而言,收益分享计划更有利于薪酬成本控制。

(3)通过调整福利水平进行控制。一般而言,社会保险和法定福利受到国家法律法规约束,具有较小的调整余地,与基准工资总额保持固定比例。企业自主福利则可以根据实际情况进行调整,如补充养老保险、补充医疗保险、补充住房福利和员工援助计划等。但在调整过程中,需要关注福利效用的问题,如取消或降低对员工效用大的福利项目,可能引发员工抵触情绪。

(三)通过薪酬结构调整进行薪酬成本控制

(1)合理确定薪酬区间。薪酬区间是最高薪酬和最低薪酬之间的变动范围。其中,区间最高薪酬是薪酬成本控制的重点。合理控制最高薪酬水平以及达到或接近最高薪酬的员工比例,可以避免员工薪酬增长过快。首先,需要根据组织实际情况,合理确定薪酬水平策略。其次,针对员工在薪酬区间内的薪酬增长需设置客观合理、具有一定挑战性的绩效、能力或资历标准作为依据,避免薪酬增长过快。

(2)控制薪酬比较比率。薪酬比较比率计算公式为:薪酬比较比率=实际薪酬/某一薪酬等级区间中值。该比率反映特定薪酬等级内部的职位或员工薪酬的分布状况。一般情况下,区间中值是绩效表现或能力水平居中的员工应得到的薪酬水平,其水平参考市场薪酬确定。因此,当该比率普遍大于1时,说明员工年资较高、绩效优异者较多,但同时也说明平均薪酬偏高,对人工成本控制不当。当该比率普遍小于1时,说明新招聘员工比例较高,缺乏工作经验和年资短的员工比例较高,或者员工整体绩效不佳。在这种情况下,要结合薪酬的绝对水平和相对水平判断薪酬成本是否得到控制。

（3）薪酬级差和薪酬差距控制。在许多组织中，虽然高层管理者所占比率低，但高管薪酬占总薪酬比重较高。由于内部人控制，可能存在高管薪酬与组织绩效关系不密切的情况，导致高管人员与普通员工薪酬差距过大。薪酬差距应基于员工的贡献和价值，无效的薪酬差距会引发不公平感。需要合理控制薪酬差额倍数，通过调整薪酬曲线斜率以控制薪酬成本，避免薪酬差距过大的情况。总的来说，需要平衡公平和效率的关系，既避免平均主义，也避免差距过大。

六、薪酬成本控制指标体系

薪酬成本控制指标体系既可以作为控制依据，也可以作为控制效果的评价标准。按照指标体系的功能和作用，其可分为总量型指标、结构型指标和效益型指标等类型。

（一）总量型指标

总量型指标反映人工成本总量水平，包括总额指标与人均指标两方面，有利于整体把握组织薪酬成本和定位，分析其动态变化情况。

其中，总额指标主要包括：①薪酬总额。该指标反映组织投入的薪酬总额和规模，包括直接薪酬和间接薪酬两方面。②薪酬总额增长率。该指标反映在特定周期内员工薪酬总额的增长幅度。其计算公式为：薪酬总额增长率＝（本期薪酬总额－上期薪酬总额）/上期薪酬总额。

人均指标主要包括：①平均薪酬水平。由于不同企业的人员规模不同，相对于薪酬总额，平均薪酬水平更具有代表性，尤其是各职位族、层级、部门或团队、岗位的具体平均薪酬水平更具有参考意义。其计算公式为：平均薪酬水平＝薪酬总额/员工人数。该指标实际上是劳动力平均价格，表明企业雇用一名员工所支付的平均薪酬。纵向比较反映薪酬水平增幅，横向比较反映是否具有内部一致性和外部竞争力。组织平均薪酬向劳动力市场传递价格信号，有利于吸引和保留员工以及提升雇主品牌形象。②人均薪酬水平增长比率。该指标能动态反映组织薪酬成本的变化趋势。人均薪酬水平增长比率＝（本期人均薪酬水平－上期人均薪酬水平）/上期人均薪酬水平，其中，（本期人均薪酬水平－上期人均薪酬水平）为平均薪酬增长幅度。

（二）结构型指标

结构型指标是薪酬各组成部分占薪酬总额比例，反映薪酬投入构成情况与合理性，包括薪酬成本构成比率和薪酬总额占总成本比率两个指标。前者反映企业薪酬成本的支出结构是否合理，是否有利于实现人力资源战略。后者则可以进行同行业不同企业之间的横向对比，判断企业的人工成本管理水平及劳动效率，并进行相应调整。

（1）薪酬成本构成比率。薪酬成本构成比率＝某项薪酬成本/薪酬成本总额。该指标表明某薪酬项目在薪酬成本总额中所占比例。该比率反映薪酬成本结构，对诊断和优化薪酬成本结构具有参考价值。常见的分析项目包括固定（浮动）薪酬占比、工资（福利）费用占比、短期（长期）薪酬占比等。

（2）薪酬总额占总成本比率。薪酬总额占总成本比率＝薪酬总额/总成本。该指标是企业总成本中薪酬总额的比率，反映企业薪酬成本与其他成本的比例关系。企业技术组合、经营管理、劳动力特征等因素均会影响该比率，在控制上述因素的前提下，比率越高，表明人工成本越高。通过分析该指标，可以判断组织成本结构合理性，以及薪酬成本对组织利润和薪酬支付能力的影响程度。

（三）效益型指标

效益型指标是人工成本分析的核心结果指标，反映薪酬投资收益，是对薪酬投资回报的衡量，包括以下方面。

（1）薪酬费用比率。薪酬费用比率＝薪酬总额/销售收入总额。该指标是薪酬成本占企业销售收入比例。薪酬费用比率越低，说明薪酬投入产出效益越高，组织薪酬支付能力越强，具备适度增长薪酬的条件。此外，对薪酬费用比率进行纵向比较和横向比较，也可以为决策提供依据。纵向比较可以反映薪酬投资收益变化情况，横向比较可以反映本企业在行业内的薪酬定位、薪酬成本控制水平以及薪酬对产品价格优势的影响。

（2）劳动分配率。劳动分配率＝薪酬成本总额/附加价值总额。其中，附加价值又称增加价值，可以反映各种生产要素在价值创造中的贡献以及在价值分配中所占比例，尤其是人均附加价值又称全员劳动生产率，可以体现劳动生产率高低和劳动力创造经济效益的程度。总的来说，劳动分配率反映薪酬费用占企业在特定周期内新创造价值的比例。通过横向比较和纵向比较，可以表明劳动力成本高低以及薪酬投资效益水平。

（3）薪酬成本利润率。薪酬成本利润率＝企业利润总额/薪酬成本总额，表明单位薪酬成本为组织带来的利润回报。该指标反映单位薪酬投入的利润收益。纵向比较反映劳动力效率是上升或下降，横向比较反映本企业在同类企业中是否具有劳动力效率优势。

即 测 即 练

第三部分

福利薪酬

第十一章　员工福利管理

第十一章

员工福利管理

本章学习目标
1. 福利定义、福利特点、员工福利类型、福利发展历程;
2. 社会保障模式、法定福利构成;
3. 用人单位自主福利;
4. 员工福利计划的定义、特点、影响因素、内容;
5. 福利计划的步骤和程序。

引例

字节跳动公司如何做福利

招聘平台大街网于2019年发布的《95后求职意愿调查报告》显示,在中国所有互联网企业中,华为、字节跳动、阿里巴巴、腾讯占据着招聘第一梯队,是95后最为关注和满意度最高的互联网企业,其中,字节跳动以83.2%的满意度位居第二。

基于公司价值观理念与"字节范"文化,字节跳动为员工提供以务实高效为工作方式、以平等坦诚为协作氛围和以多元兼容为工作环境的"字节生活",全方位关爱员工生活和感恩员工所做贡献,展现了保障、健康、效率、假期、关爱、成长六大要素构成的福利体系。其福利包括:第一,公司假期。全体员工(包括新员工)享有法定年假、带薪病假、婚假、生育假、家庭关爱假等。持续对员工假期及健康福利计划升级,让员工体验到人文关怀。第二,常规福利。①完善的商业保险。字节跳动为每位员工提供全额五险一金及额外商业保险,以解决员工后顾之忧。②入职礼品。字节跳动为新员工配备 Mac 或者 Windows 电脑,还有诸如工作 T 恤、明信片、抱枕、餐具和各种办公用品等。③丰富、营养均衡的餐饮。字节跳动免费提供三餐自助和下午茶,以及零食、饮料、水果等。④就近租房补贴。距离办公地点步行30分钟内的房源均有租房补贴(不限工龄,正式员工、试用期员工和实习生都享有同等待遇),节省员工通勤时间。⑤办公打车报销。在晚上10点之后下班的员工,打车可以由企业支付车费;出差或商务出行也是统一直接报销。⑥定期活动日。定期活动日饮食会比平时更好,可提前一个小时下班,并开展形式多样的活动。第三,服务福利。①舒适、轻松的工作环境。公司办公环境非常好,从科技感爆棚的大厅到极度开阔的阶梯会议室,每位员工都配备价值不菲的人体工学椅,办公区设有休闲娱乐区以及休息室,让员工在紧张工作的同时感受到温暖与放松。②多样化健康关怀。字节跳动每年都对员工进行免费全身体检；内部配套健身房和娱乐室，并不定期举办康体娱乐活动，免费提供各种健身课程；提供"字节心晴"心理关怀，帮助员工健康快乐地工作。③额外按摩、洗牙、学习等福利。办公区域设有按摩室。字节跳动重视员工学习，对于外语、编程、运营等，公司都有学习群，并且飞书里还有对应的学习资料等。员工可享受5折在线英语课程、6折子女1对1英语课程和面向程序员的免费编程语言课程等。第四，节日福利。①节日礼包。春节、端午、中秋等各大节日都有公司精心定制的节日专属礼品。还有儿童节、父亲节、母亲节、教师节、"程序猿节"、女神节等也会有节日礼物。②春节红包。春节都会根据员工入职时间发放现金红包，甚至是因业务调整离开的员工（包括离职员工、被裁员工）都会收到红包。

资料来源：抖音集团. 2022抖音集团企业社会责任报告[R]. 2023.

第一节 员工福利概述

一、福利的定义

广义的福利包括政府提供的公共福利和服务以及企业提供的职业福利或劳动福利，狭义的福利则主要指后者。在定义上，员工福利是组织为满足劳动者的生活需要和风险保障，除工资收入之外，向员工本人及家庭提供的货币、实物、假期、保障和服务等。员工福利属于间接薪酬，是薪酬体系的重要组成，是直接薪酬的有力补充。直接薪酬和间接薪酬均具有保障功能，在薪酬总额一定的情况下，两者存在着此消彼长的关系。

相对于直接薪酬（工资）的激励性和差异性，福利更强调保障性和均等性，可以满足员工多方面、多层次的需求。其作用体现在以下方面：第一，福利尤其是法定福利提升员工应对各种类型风险的能力，解除员工的后顾之忧，如社会保险等。第二，福利给员工提供各种生活便利，有利于工作和生活平衡，减少工作与生活冲突，如通勤服务、托儿服务、托老服务、弹性工作时间、在家办公等。第三，相较于工资，福利可以获得更多税收优惠和价格优惠，许多国家均对员工福利制定了有关组织和个人的税收优惠政策，因此，福利具有避税作用。此外，集体福利一般是规模性购买，员工能以较低成本享受更多的福利服务。第四，员工福利可以提升雇主品牌形象，增强其劳动力市场竞争力，提升员工满意度和忠诚度。

二、福利的特点

员工福利不以员工岗位价值、能力或绩效为基础，而是取决于员工组织成员身份，覆盖面广、形式多样、内容丰富，具有以下特征。

（1）补偿性。福利是对员工劳动的物质补偿，可以是即期或延期，可以是实物、保障、服务、假期等不同形式，方式更灵活，内容更丰富，是工资的有效补充，满足员工薪酬需求多元化的要求。

（2）均等性。与工资主要取决于职位、能力和绩效等不同，福利取决于员工组织成员身份，不直接与工作绩效和工作能力联系，关键在于员工是否履行了劳动义务，表现出利益均等性和机会均等性。均等性体现在两个方面：第一，企业应向所有员工提供福利，员工享有平等机会，具有组织内部的公共性。第二，福利强调保障因素，待遇差距应控制在合理范围内，不能过于明显。

（3）激励性。在维持保障功能的前提下，越来越多的企业逐渐重视和强化福利的激励功能，根据员工贡献和价值表现出一定程度的差异性和变动性。如一般性福利面向所有员工，更强调均等性，但特殊福利则针对有突出贡献和价值的核心员工予以差别对待。

（4）团体性。举办集体福利事业、建造集体福利设施、举行集体活动或进行集体消费，可以强化员工团队意识和对组织的认同感与归属感。与此同时，团体购买规模较大，也有利于降低福利成本。

（5）经济性。在强调福利外部竞争性的同时，也要重视其经济性。经济性原则表现在：在确保福利管理目标前提下，合理降低福利的直接成本和管理成本，在控制福利成本的同时，追求福利效用最大化。

（6）参与性。福利沟通是福利管理重要环节，管理者应广泛听取员工意见，进行福利调查，鼓励员工表达自身主张和需求，在此基础上，提供与员工需求匹配的福利组合。此外，通过福利沟通，让员工全面、清楚地了解福利管理的目标、体系、标准等，实现福利管理透明化，让员工了解企业为什么办福利、办了哪些福利，便于员工选择和使用。

（7）动态性。为更好地实现福利目标，必须实施动态福利管理。福利需求随着社会环境、政策法规、劳动力结构、员工年龄、职业生涯阶段等发生变化，因此，福利组合需根据上述因素进行相应的调整。此外，管理者需了解最新的福利管理理念、趋势、方法和手段，结合企业具体情况灵活运用。

三、员工福利的类型

区别于工资，福利更多地依据员工需求分配，不同的福利项目针对员工的不同福利需求。福利包括以下几种。

（一）法定福利和企业自主福利

法定福利是当员工遇到年老、死亡、疾病、意外伤害、失业等风险时，雇主为其提供的各种法定保障，是国家法律法规明确规定的各种强制性福利，更多体现政策调节和强制特征，包括各类社会保险、住房公积金和法定假期等。

企业自主福利又称补充福利或非法定福利，不具有强制性，企业具有充分的自主权和选择权,更多体现市场调节特征,是企业为满足员工更高层次需求、降低员工风险损失、提高员工生活质量,提供给员工的附加福利,包括企业年金、设施福利、文娱福利、服务福利等。

(二)即期福利和延期福利

员工对未来在工作和生活中可能遇到的风险具有清楚认识,不仅要求获得即期福利,也追求延期福利。按照员工受益时间,福利分为即期福利和延期福利两种类型。

大部分福利项目属于即期福利,即在当前承诺的时间支付,在职期间可以获得。其特征包括:当期兑现;基于交易和贡献原则分配;对员工贡献进行直接补偿。即期福利如设施福利、弹性工作制、员工援助计划等。

部分福利项目属于延期福利,即按照预期承诺时间,在法定条件和约定条件发生时,在未来某个时点支付,如员工遇到退休、疾病、工伤等情况。其特征包括:相关待遇在未来预期兑现;基于劳动力折旧和风险补偿原则分配;防范和补偿员工未来风险损失,保障个人和家庭基本生活需要;是对员工工作贡献的间接补偿,补偿形式多样化,包括现金、物质、保障和服务等。具体而言,延期福利包括社会保险、住房公积金、企业年金、股票所有权计划等。

(三)货币福利、服务福利和实物福利

货币福利具有较强的保障性,对员工也具有较强的灵活性,以即期或延期形式支付给员工,帮助员工克服各类风险,提升员工在健康、教育和住房等方面的购买能力。相对于其他两种福利,货币福利具有更直接、易于计量、可支配性强等特点。

服务福利和实物福利则更多体现对员工工作与生活的关照,减轻员工工作压力,给员工提供各种生活便利,改善组织内部人际氛围,体现组织对员工的关怀等。

(四)集体福利和特殊福利

集体福利是指企业员工普遍享有的,供员工集体平等享用的福利和服务。在组织内,集体福利具有较强的公共物品属性,以及较强的均等性。如社会保险、住房福利、集体福利设施、文娱性福利、培训福利等。

特殊福利则是针对特殊员工和管理层提供的福利项目,具有一定的排他性和差异性,其依据是员工绩效和贡献。如高层管理者补充退休金计划、补充医疗计划、职务消费等。

(五)固定福利和弹性福利

根据员工对福利的选择权限,福利可以分为固定福利和弹性福利两类。

其中,固定福利是指企业设计的,无论员工愿意与否都要接受或参与的福利项目。固定福利灵活性和差异性低,具有较小选择权,但易于管理,多与法定福利相联系。

由于员工福利需求多元化,企业为提升福利效用,更多地选择弹性福利。弹性福利计

划是允许员工在规定的时间和成本范围内,根据自身需要,自愿、自主地进行选择和调整的福利项目。弹性福利更能满足员工个性化福利需求,但同时也提升了管理难度。

四、我国福利的发展历程

(一)计划经济体制下的福利统包模式

福利统包模式主要在我国计划经济时期和改革开放初期实行。1954年以后,伴随国有企业分配制度形成,福利统包模式逐渐发展,形式以货币、物质、服务为主,具有长期性、均等性、包揽性特点,内容包括福利分房、公费医疗、免费教育、退休养老金等,费用由国家和企业共同承担。该模式对员工而言,具有较高的保障性,但存在着比较严重的平均主义,难以体现按劳分配原则,"低工资+高福利"模式也难以有效激励员工。对企业而言,福利成本支出较大,对经营管理形成了一定程度的负担和压力,存在"企业办社会"的情况。

(二)市场经济体系下的福利过渡模式

20世纪80年代以后,我国逐渐由计划经济体制向市场经济体制转变和过渡,在此阶段,福利货币化和福利社会化等理念不断增强,与此同时,传统福利体制的影响也仍然存在。这一阶段主要变革包括进行社会保险制度改革,建立企业年金制度和企业补充医疗保险制度,建立住房公积金制度和住房补贴制度等,此外,企业自主举办的员工福利也得到长足发展。对企业而言,建立由国家、企业和个人共同承担的社会保障体系,极大地减轻了企业负担,提升了经营效率。对员工而言,福利过渡模式提升了个体有效应对各类风险的能力,个体获得了更好的保障水平。

(三)福利创新和多元模式

进入21世纪,随着我国社会主义市场经济体制逐步完善,社会保障体系覆盖面更广,保障水平更高,在这种情况下,企业更重视福利对吸引和激励人才的作用,开始向员工提供更为个体化、弹性化、差异化的福利项目,如弹性福利计划、补充养老保险计划、补充医疗保险计划、意外伤害保险计划、补充住房福利计划等。此外,福利管理与组织战略和组织文化一致性得以加强。福利在教育、健康和居住等方面的支出比重增大,更符合员工需求。福利保障范围也逐渐扩大,不仅包括员工个人,也包括员工家庭。

五、社会保障模式

社会保障由社会救助、社会保险和社会福利三部分构成。其中,社会救助面向无法维持最低生活水平的低收入者,是保证社会成员生存权利的最后防线。社会保险是依法建立的,由政府、单位和个人三方共同出资,保证劳动者因诸多风险因素暂时或永久失去劳动能力和收入时,获得物质帮助。在许多国家和地区,社会保险是社会保障的核心和主体。社会福利接受者为全体公民,涵盖所有民生基本福利需求,如工作、教育、养老、健康、居住等方面。主要社会保障模式包括以下方面。

(1) 国家福利模式。这是指基于公平原则,运用国家再分配功能设计和实施的社会保障模式。国家是社会福利提供者,由政府承担筹集和管理资金以及担保责任,资金主要来源于公共预算,全体公民依据法定条件可以获得均等福利待遇。

(2) 社会保险模式。这是指基于权利义务对等原则,通过社会保险提供保障的模式。其特征包括:社会保险是社会福利提供者,资金来源于政府补贴、企业和个人缴费等,保险基金建立统筹账户和公共基金,按照安全性、有效性和流动性原则投资运营,实现增值保值,参保人依据法定条件获得福利待遇。

(3) 储蓄模式。这是指基于自我保障原则,通过自我储蓄方式提供保障的模式。其主要特征包括:保障责任主体是企业和个人,资金来源于个人缴费和企业缴费。企业和个人委托资产管理机构,进行市场化运作,受益人依据个人贡献和资产收益获得相应的福利待遇。

六、法定福利构成

(一) 基本养老保险

基本养老保险是社会保险中覆盖范围最广、资金投入最多、保障时限最长、直接关系到社会稳定和经济发展的社会保险项目。基本养老保险又称老年社会保险制度,是国家通过立法规定,使劳动者在因年老而丧失劳动能力时,可以获得物质帮助以保障晚年基本生活需要的保险制度。

基本养老保险制度的特点包括:第一,国家强制执行。覆盖范围内的所有用人单位和员工都必须参加。第二,有条件给付。其给付条件是达到法定退休年龄,并已办理退休手续,以及劳动者履行劳动义务和缴费义务达到规定年限。第三,普遍需求。衰老是所有人都会遇到的普遍风险,因此,养老保险涉及面较为广泛。第四,地位特殊。由于人均寿命延长,保险待遇提高,养老保险成为社会保险最重要的组成部分。第五,责任共担。养老保险的资金筹集来源于个人缴费、用人单位缴费和政府转移支付三个方面,由个人、用人单位和国家三方共同负担,并实现广泛的社会互济。

目前,我国采取用人单位、个人、政府共同负担的缴费方式,用人单位缴纳部分不超过职工工资总额20%,职工缴纳部分为职工工资总额8%。如果养老保险入不敷出,财政将拨付部分资金进行弥补。

（二）基本医疗保险制度

1998年，国务院颁布《关于建立城镇职工基本医疗保险制度的决定》，标志着我国基本医疗保险制度进入崭新阶段。2000年，国务院印发《关于完善城镇社会保障体系的试点方案》。目前，我国正在积极推行多层次医疗保障体系建设，其中，基本医疗保险是核心和基础。基本医疗保险是国家、企业对职工在因病或非因公负伤而暂时丧失劳动能力时，给予假期、收入补偿和提供医疗服务的社会保险制度。此处的疾病是指一般疾病，发病原因与劳动无直接关系。医疗保险的目的在于使劳动者患病后尽快康复，恢复劳动能力，重新回到生产和工作岗位。

基本医疗保险费用必须确保用于劳动者基本医疗消费。只有劳动者患病、生育或受伤时，才有资格享受给付待遇。劳动者患病就医、接受治疗服务的机会均等，不会因为个人地位、身份不同而有所差异。医疗保险经办机构提供的医疗保障标准，根据患病者病情确定，不受患者经济地位、工资待遇、工龄长短等因素的限制和影响。基本医疗保险提供的疾病津贴与劳动者工龄长短、患病时间长短、患病前的工资水平等有直接关系。

我国基本医疗保险制度的特点包括：基本医疗保险水平与社会主义初级阶段生产力发展水平相适应。用人单位及员工都参加基本医疗保险，基本医疗保险费由用人单位和职工双方共同负担。基本医疗保险基金实行社会统筹和个人账户相结合。我国基本医疗保险费用由用人单位和员工共同缴纳，用人单位缴费控制在工资总额6%左右，员工缴费一般为2%。个人缴纳的基本医疗保险费，全部计入个人账户。用人单位缴纳的基本医疗保险费分为两部分，一部分建立统筹基金，一部分划入个人账户，划入个人账户的比例一般为用人单位缴费30%。统筹基金起付标准控制在当地职工平均工资10%左右，最高支付限额控制在当地职工年平均工资4倍左右。起付标准以下的医疗费用，从个人账户中支付或由个人自付。起付标准以上、最高支付限额以下的医疗费用，主要从统筹基金中支付，个人负担一定比例。超过最高支付限额的医疗费用，则可以通过补充商业医疗保险等途径解决。

我国职工医保制度于1998年建立，实行社会统筹和个人账户相结合的保障模式。具体而言，就是由单位和职工个人共同缴费。单位缴费的一部分和职工个人缴费的全部，划入个人账户，主要用于保障普通门诊和购药费用。单位缴费的另一部分形成统筹基金，主要用于保障参保职工住院费用。这个制度在当时特定历史时期中发挥了重要作用，但随着20多年来经济社会的巨大变化，个人账户风险自担、自我保障门诊费用的方式，已越来越难以满足保障群众健康的需要。2021年4月国务院办公厅印发的《国务院办公厅关于建立健全职工基本医疗保险门诊共济保障机制的指导意见》（国办发〔2021〕14号）规定，建立完善职工医保普通门诊费用统筹保障机制，逐步将多发病、常见病的普通门诊费用纳入统筹基金支付范围。普通门诊统筹覆盖职工医保全体参保人员，政策范围内支付比例从50%起步，随着医保基金承受能力增强逐步提高保障水平，待遇支付可适当向退休人员倾斜。在此基础上，改进个人账户计入办法。科学合理确定个人账户计入办法和计入水平，在职职工个人账户由个人缴纳的基本医疗保险费计入,计入标准原则上控制在本人参保缴费基数的2%,单位缴纳的基本医疗保险费全部计入统筹基金;退休人员个人账户原则上由统筹基金按定额划入,划入额度逐步调整到统筹地区根据本指导意见实施改革当年基本养老金平均水平的2%左右。个人账户的具体划入比例或标准,由省级医保部门会同财政部门按照以上原则,指导统筹地区结合本地实际研究确定。调整统筹基金和个人账户结构后,增加的统筹基金主要用于门诊共济保障,提高参保人员门诊待遇。

(三) 失业保险制度

国际劳工组织于1988年通过的《关于促进就业和失业保护的公约》中对失业的定义是:那些能够和愿意工作,并且确实在寻找工作机会,而不能得到适当职业,致使没有工资收入的个体。中华人民共和国国务院于1999年颁布《失业保险条例》,劳动和社会保障部于2000年颁布了《失业保险金申领发放办法》,标志着我国失业保险制度逐步走向健全和完善。失业保险是指国家通过立法形式建立的,为非因本人意愿而造成失业的人员提供基本生活保障,并促进其再就业的社会保障制度。

我国失业保险制度覆盖全部城镇企事业单位,用人单位按照职工工资总额的2%缴纳失业保险费,职工按照职工工资总额的1%缴纳失业保险费,政府提供财政补贴。保险待遇主要用于保障失业人员及家庭的基本生活需要以及促进其再就业。为避免逆向选择问题,给付标准采取低于当地最低工资、高于城市居民最低生活保障标准的原则支付。给付期限最长为24个月,最少为12个月。失业人员享受失业保险金的条件包括:所在单位和本人按规定履行缴费义务满一年;非本人意愿中断就业;已办理失业登记并有求职要求。需同时具备以上条件,才有资格申请失业保险。

(四) 工伤保险制度

工伤保险也称职业伤害保险,是对工作中受伤致残者或死亡者遗属提供保障的社会保险制度,包括因事故导致的伤残以及因工作本身性质导致的职业病。我国工伤保险制度的特点包括:①为切实保障员工权益,工伤保险遵循无责任补偿原则。无责任补偿原则也称不追究责任补偿原则,是指员工在发生工伤事故时,无论事故责任在于用人单位、其他人或员工本人,均应无条件地给予受害者工伤保险待遇。②遵循补偿、预防和康复相结合原则。工伤保险的根本任务是预防、减少和消除工伤事故发生。工伤补偿是工伤保险的途径。医疗康复和职业康复是工伤保险的目标。③一次性补偿与长期补偿相结合原则。很多情况下,一次性补偿无法对工伤受害者及其家属未来的生活给予足够保障,需要给予长期补偿,直到保障的前提条件消失为止。④根据各行业伤亡事故风险和职业危害程度实行差别费率。在国际上,工伤保险费率分为统一费率制、差别费率制、浮动费率制等。在我国实行差别费率,工伤保险费由用人单位按职工工资总额 0.5%(如银行业)至 1.5%(如石油加工业)等不同水平缴纳,按不同行业的危险程度和工伤事故发生频率确定。⑤用人单位承担工伤保险费,个人不用承担。工伤事故属于职业性伤害,是生产劳动过程中,员工为社会和企业创造价值而付出的牺牲,工伤保险费用属于企业生产成本的特殊组成部分,因此,个人不用缴费,均由企业负担。

(五)生育保险制度

生育保险制度是指女性劳动者因生育子女而暂时丧失劳动能力时,由国家、社会和企业提供必要的经济补偿和医疗保健的社会保险制度。在我国,由企业按职工工资总额的一定比例缴纳生育保险费,建立生育保险基金,最高不超过职工工资总额1%,职工个人不缴纳生育保险费。生育保险待遇包括生育假期或休假、生育津贴、哺乳时间、医疗保健费用、子女补助费用等。

七、其他法定福利

(一)住房公积金

住房公积金是指为城镇企事业单位在职职工缴存的长期住房储金。在我国,住房公积金制度具有普遍性、强制性、义务性、专用性等特点,属于法定福利范畴,而在国外,住房福利多属于企业自主提供的非法定福利。从20世纪80年代开始,我国逐步取消福利分房制度。为推动我国住房体制改革和解决城镇职工住房困难问题,国务院于1999年颁布《住房公积金管理条例》,按照规定,单位和个人按照职工工资总额的一定比例缴纳住房公积金,共同计入个人住房公积金账户,单位和个人每月缴存额不低于职工工资总额的5%,不得高于20%,个人缴存比例不得低于单位缴存比例。住房公积金主要用于员工购买、建造、翻建、大修自住住房,偿还购房贷款本息,支付超过家庭工资收入规定比例房租等方面。

(二)法定假期

休假是劳动者的基本权益,法定假期包括公休假日、法定休假日和带薪年休假等。其中,公休假日是劳动工作满一个工作周之后的休息时间。我国实行每日不超过8小时、每周不超过44小时的工时制度,《中华人民共和国劳动法》第38条规定,用人单位应当保证劳动者每周至少休息一天。法定休假日包括元旦、春节、国际劳动节、国庆节和法律法规规定的其他休假节日。带薪年休假是企业在员工非工作时间里按工作时间发放工资的休假形式。《中华人民共和国劳动法》第45条规定,国家实行带薪年休假制度。劳动者连续工作1年以上的,享受带薪年休假。

八、企业自主福利

(一)企业年金

基本养老保险虽然覆盖面宽,但保障水平仍存在提升空间。随着我国人口老龄化加剧,基本养老保险支出负担将日趋严重,在这种情况下,企业年金作为基本养老保险的重要补充,其作用日益突显。企业年金是企业根据自身经济能力自主建立的,旨在为员工提供一定程度退休收入保障的退休养老计划。在许多工业化国家,企业年金的目标替代率为20%~30%。在我国,企业年金所需费用由企业和员工共同承担。企业缴费比例不超过职工工资总额1/12,企业缴费和员工缴费合计一般不超过职工工资总额1/6。企业年金作为养老收入的重要补充,已成为养老保险体系的重要支柱。

企业年金具有以下特点:第一,延期支付。企业年金是福利体系的重要组成部分,属于退休阶段的延期收入。第二,自主性。许多国家都建立了企业年金制度,甚至有些国家通过立法,将企业年金制度转变为强制性养老金制度。在我国,企业年金属于企业自主福利,不具有强制性,但国家通过税收优惠政策,支持和鼓励企业实施年金计划。第三,企业和员工共同承担相关费用。在费用分担方面,年金一般由雇主缴纳,也可以由雇主和员工共同缴纳。在我国,企业年金费用由企业和员工共同承担。企业可以根据其经济能力,从奖励基金或福利基金中提取企业年金所需资金。第四,市场化运作。企业年金运营机构在政府监督下进行市场化运作,通过投资各类金融产品获得收益。基本养老保险遵循风险回避原则,以银行存款和购买国债为主,投资范围比较窄。企业年金投资范围则更广泛,投资风险更高,如各类金融衍生产品、理财产品、信托产品、不动产、债券和股票、国际投资等。企业年金包括两种类型。

1. 确定收益型企业年金计划

确定收益型年金计划简称DB(defined benefit)计划,是企业保证员工退休后每月获得固定金额养老金的年金计划。确定收益型年金采用集体保险、担保运作机制,在确定收益型企业年金计划中,用人单位根据工龄、职位、年资等因素,保证员工每月获得固定金额的退休金。企业年金基金被委托给基金管理公司进行投资运作,以保障受益人的利益,用人单位每月或每年向基金管理公司供款,账户相互不独立。对企业而言,如果年金基金投资收益比较高,用人单位可以减少缴费、降低年金计划成本;对员工而言,固定金额的退休金会更安全、更有保障。相反,如果年金基金不足以支付退休金,在这种情况下,如果用人单位具有偿付能力,则需要及时弥补年金基金积累赤字,以保证员工权益。

2. 确定供款型企业年金计划

确定供款型年金计划简称DC(defined contribution)计划,是指缴费率事先确定,由用人单位承担大部分缴费,员工可以自愿选择附加缴费的企业年金运作机制。用人单位缴费率通过精算,根据员工工资增长率、死亡率、预定利率等因素确定。确定供款型企业年金计划采用投资基金运作机制,一般来说,企业和员工缴费资金放入某一投资管理机构,由投资管理机构向员工提供可供选择的投资工具和产品,如债券、证券投资基金、股票等。建立员工个人账户,个人账户彼此独立,员工可以决定个人账户资金的投资组合,委托投资管理机构管理,当员工退休时,根据资金积累情况和投资收益,确定给付退休金水平。确定供款型的退休金不是固定金额,而是随投资收益波动,具有一定的风险性。

(二)补充医疗保险计划

补充医疗保险计划是企业在基本医疗保险基础上,自主举办的补充性医疗保险计划。补充医疗保险是相对于基本医疗保险制度而言,根据享受医疗保障的权利和履行劳动义务相统一原则确定,依据员工特殊医疗需求设立。基本医疗保险只提供基本医疗保障,保障水平相对较低。补充医疗保险满足较高层次的医疗保障需求,保障水平较高,可以弥补那些基本医疗保险不提供保障的部分,两者相互补充和衔接,共同降低员工生病或遭受事故时承担的风险和损失。根据2009年财政部和国家税务总局颁布的《关于补充养老保险费补充医疗保险费有关企业所得税政策问题的通知》,国家鼓励企业建立补充医疗保险制度,并给予相应的税收优惠。

补充医疗保险保障范围包括:基本医疗保险"起付线"以下费用的保障;基本医疗保险"封顶线"以上费用的保障;基本医疗保险统筹基金支付范围内个人自付费用的保障;覆盖基本医疗保险未提供保障的社会群体;基本医疗保险不提供保障的部分;基本医疗保险不承担责任的医疗责任保险。由上可知,补充医疗保险涵盖了大部分基本医疗保险未涵盖的部分,是对后者的有力补充。

(三)团体人寿保险计划

团体保险计划是以团体为投保人,以团体内所有成员或部分成员作为被保险人的保险计划。人寿保险计划是以人的生存或死亡为保险对象的保险计划。团体人寿保险可以分为团体定期人寿保险、团体信用人寿保险、团体养老保险、团体年金保险、团体终身保险、团队遗属收入给付保险等。

团体人寿保险计划具有以下特点:第一,被保险人数较多,情况复杂。团体人寿保险计划以团体为投保单位,以投保单位全部或部分员工,甚至包括员工家属为被保险人。此外,由于员工的流动性,离职员工会丧失投保资格,而新进员工则会获得投保资格,因此,被保险人构成动态变化,较为复杂。第二,规定被保险人的投保金额。团队人寿保险的费用按照平均费率计算,有来自投保单位的分担和补偿。为了避免逆向选择,对投保金额有相关规定,一般以平均保险金额的倍数作为上限。第三,用人单位承担全部或部分保险费。团体人寿保险计划要求用人单位参与分担保险费,比例一般为50%~100%,以补偿那些风险相对较低的被保险人在平均费率情况下额外支出的保险费。第四,保险费率较低。团体人寿保险计划具有核保简单、享有合同转让权、管理费用低等特点,此外,相对于个人保险而言,团体保险费率较低,个人负担较轻。

团体人寿保险计划的保障范围比较窄,通常仅以被保险人死亡、失踪或完全残疾等事故给付保险金。但是,在员工工作的年限中,由于健康原因丧失工作能力或需要住院治疗的概率比在职期间死亡的概率更高。

(四)团体健康保险

团体健康保险是指以团体或用人单位作为投保人,和保险人签订保险合同,以所属员工为被保险人(包含团体中的退休人员),约定由用人单位独自缴付保险费或由用人单位和员工分担保险费。被保险人因疾病住院时,由保险人负责给付住院期间的治疗费用、住院费用、看护费用,以及由于疾病导致残疾时,由保险人负责给付残疾保险金的团体保险。其主要险种包括团体基本医疗保险、团体补充医疗保险、团体特种医疗保险、团体残疾收入保险等。

(五)团体意外伤害保险

团体意外伤害保险是团体保险的最早形式之一,是当被保险人(团体员工)遭遇意外事故导致死亡或残疾时,由保险人负责给付死亡保险金或残疾保险金的一种团体保险。

保险人给付保险金的前提条件是被保险人身体直接因意外事故遭到伤害,如果因为其他原因(如慢性病等)而受到的伤害则属于免责范围。除了意外事故的发生,许多保险人同时规定,只有被保险人身体所遭受伤害的部位与程度也属于意外性质,才可以申请理赔。

和任何保险产品一样,团体意外伤害保险合同的被保险人只有因保障范围内的意外事故发生而受到伤害时,保险人才负责给付残疾保险金或死亡保险金。就残疾而言,团体意外伤害保险保障范围内的意外事故,通常是团体员工由于非职业性的意外伤害导致其完全且永久的残疾,因而无法担当任何职位时,由保险人支付残疾保险金。此项要求有两个特点:第一,员工必须是完全丧失劳动能力,部分丧失劳动能力是不被认可的;第二,如果员工因残疾而无法担当其以前胜任的职责,则视为残疾。

(六)补充住房支持计划

除了住房公积金,企业为更有效地激励和留住员工,还采取其他多种补充住房福利项目支持员工购房,尤其是在房价较高的情况下,补充住房支持计划满足了员工的迫切需要,主要有以下几种形式:第一,住房贷款利息给付计划,即根据薪酬级别及职务级别确定贷款额度,在向银行贷款的规定额度和规定年限内,贷款部分的利息由企业逐月支付。第二,住房津贴,指为员工有良好的居住环境而提供给员工的住房福利。企业按照员工的资历、工龄、职位等级等给予员工一定的住房补贴,以缓解其在购房、租房时的经济压力。第三,其他形式。如包括在工资内的住房货币化。例如:企业购买或建造住房后免费或低价租给或卖给员工居住;为员工住房提供免费或低价装修;为员工购买住房提供免息贷款或低息贷款;全额或部分报销员工租房费用;为员工提供购买住房贷款担保等政策。

(七)员工服务福利

第一,员工援助计划(EAP)。员工援助计划是针对酗酒、吸毒、赌博、财务或压力问题向员工提供咨询或治疗的正式计划。20世纪初,美国许多企业逐渐关注员工酗酒、吸毒、工作压力、家庭暴力、离婚和各种法律纠纷等负面影响员工情绪、态度和绩效的问题,于是,通过向员工提供 EAP 服务以解决上述问题。对员工个人而言,员工援助计划可以缓解家庭和工作的冲突,提高工作绩效和工作满意度,减小成瘾问题或不良习惯等对个人的负面影响,提高个人心理健康水平。对组织而言,员工援助计划可以减少员工投诉、降低员工缺勤率、提高劳动生产效率。

第二,教育培训计划。培训是组织送给员工最好的礼物,这一观念已逐渐成为许多管理者的共识。随着组织市场环境变化,以及知识技术更迭速度加快,员工需要通过终身学习才能适应和胜任工作,组织也需要转型为学习型组织以适应环境变化,因此,许多企业在培训需求分析基础上,制订有针对性的教育培训计划,促进员工职业发展。其具体形式包括企业大学、内部培训和外部培训、员工自主学习、导师计划、师徒计划等。

第三,家庭援助计划。由于人口老龄化、双职工家庭增加以及家庭规模减小等问题,员工照顾年迈父母和年幼子女的生活负担加重,导致员工对家庭援助的福利需求增加。为了使员工安心工作,许多企业向员工提供老人照顾服务和儿童看护服务等。如向员工推荐老人护理中心,为老人入住养老机构提供经济补偿,或者直接资助养老机构等。有些企业为员工年幼子女提供看护场所和服务,如兴办托儿所、幼儿园等,向员工提供子女入托津贴和子女教育补助等。此外,也有企业通过实行弹性工作时间、在家办公和远程办公等方式,方便员工合理安排时间,缓解工作和家庭冲突。

(八)其他补充福利

其他补充福利包括交通费或通勤服务、节日津贴、旅游补助、服装津贴、工作餐、健康检查、集体文娱活动、结婚礼金等,主要涉及餐饮、文化、体育、卫生、娱乐、交通等方面。其目的在于充实、方便和丰富员工生活,给员工提供各种生活便利,提升员工归属感和认同感。

第二节 员工福利计划

一、员工福利计划的定义与特点

员工福利计划是指用人单位为员工提供非工资收入福利的一揽子计划和安排,包括福利项目构成、福利成本和收益分析、福利资金规划和安排等方面。其特点包括以下几方面。

第一,长期性。员工福利给付具有长期性,要求用人单位在规划员工福利时,如设计福利项目、调整福利水平等,必须审慎地考虑福利的短期成本和长期成本,分析用人单位经济实力、盈利状况、员工年龄、工作年限、福利支付能力等,有计划地实施和运作员工福利。

第二,动态性。从企业角度而言,组织发展阶段、组织战略调整、经营环境变化等均会影响企业福利需求。从员工个人角度而言,员工个人特征、家庭情况、职业生涯发展阶段等均会影响员工个体福利需求,因此,员工福利计划应进行动态调整。

第三,差异性。物质激励性的福利计划强调激励作用。风险保障性的福利计划强调规避风险和经济补偿功能。成本利用性的福利计划则强调劳动力成本节约和合理避税。此外,不同员工的福利需求具有差异性,即使相同员工处于不同人生或职业生涯阶段的福利需求也具有差异性。福利管理需遵循需要原则,因此,需充分考虑福利需求的差异性。

二、员工福利计划影响因素

员工福利计划影响因素是多层次、多方面的,可以分为环境因素、企业因素和个人因素等。

(一)环境因素

(1)国家法律法规。国家法律法规影响员工福利的保障水平和福利构成。国家立法要求用人单位强制举办的福利,用人单位必须提供。福利管理需严格遵循反歧视待遇的原则,真正地实现同工同酬。为鼓励企业提高福利水平,各国均制定有针对性的福利税收优惠政策,可以降低福利成本。此外,在我国宪法中明确规定,实行各尽所能、按劳分配原则,在发展生产的基础上,提高劳动报酬和福利待遇,劳动者享有休息和劳动保护以及获得物质帮助的权利。在《中华人民共和国劳动法》和《中华人民共和国劳动合同法》中有涉及社会保险、工作时间、休息时间、劳动卫生、女职工及未成年工保护等相关规定。相较于工资,福利管理是更容易引发劳动争议和纠纷的领域,需严格遵循国家法律法规。

(2)劳动力市场状况。组织中不同岗位供求关系存在差异,针对某些供给小于需求的关键岗位,许多企业会通过改善福利待遇水平以加强人才吸引和保留。

(3)物价指数。实际福利等于名义福利与物价指数的比值,因此,物价指数会影响员工福利效用和用人单位福利成本。如果物价指数上涨,用人单位需增加福利待遇水平以抵消通货膨胀影响,否则,实际福利水平会下降。此外,还需要关注各种福利项目采购价格成本的变化,并进行动态调整。

(4)竞争对手福利水平。薪酬调查包括工资水平调查和福利水平调查两方面。为保证福利外部竞争性,企业需要进行外部福利调查,对本企业福利水平、构成等与主要竞争对手或标杆企业进行横向比较,并进行相应调整。此外,还需要对纵向的福利增长比率进行调查,分析市场或行业的福利成本变化情况,以供参考。

(5)工会化程度。福利是缓解劳资关系的重要手段,是工会关注的重点领域,无论工会是社会组织或内部组织,工会均会代表劳方通过集体谈判,与用人单位协商以保护员工权益,因此,工会化程度会对员工福利水平起到制衡和促进作用。

(二)企业因素

(1)组织战略。与其他薪酬项目类似,组织战略和竞争战略均对员工福利计划具有影响作用,主要体现在:通过福利设计,有效引导员工能力、态度和行为与组织战略及目标一致;福利设计应满足不同组织战略以及不同组织发展阶段的需求。

(2)组织文化。在集体主义文化中,福利管理倾向于平均主义,注重福利的均等性。在个人主义文化中,福利则倾向于效率主义,注重福利的差异性。在男性主义文化中,福利管理更多体现激励性,更重视与工作相关的福利,重视减少家庭与工作的冲突以及能力提升、个体发展等方面的需求,如员工培训等。在女性主义文化中,福利更多与保障和生活相关,更多体现保障性,更注重福利能否带来工作生活平衡、生活质量提升以及风险防范,如休假、弹性工作制等。权力距离较大的组织,福利管理决策多采取自上而下的集中方式;权力距离较小的组织,福利管理决策多采取自下而上的民主方式。

(3)组织薪酬水平策略。与薪酬水平策略相对应,福利水平策略也可以分为领先型、追随型、滞后型和混合型等。福利水平策略需要与整体薪酬水平策略保持一致,支持组织薪酬战略。滞后型福利政策有利于节约福利成本,但由于保障性较低,会负面影响员工态度和行为;领先型政策则情况正好相反。

(三)个人因素

(1)工作绩效。福利设计侧重于平等原则,兼顾公平原则。如果完全采取平等原则,实行平均主义,会削弱福利激励效果,不利于组织成长和发展,因此,许多企业将福利与绩效适度挂钩,以体现个人公平。

(2)员工风险类型和福利需求。员工存在未来风险最小化的需求,因此,福利管理需帮助员工应对未来遇到的各类风险,包括养老、医疗、工伤、失业、生育等。此外,员工个人特征,如性别、年龄、婚姻状况、工龄、教育程度、收入水平、子女抚养等会产生个性化福利需求,也会对福利管理产生影响。

(四)不同群体员工的福利需求

在福利研究中,员工个人特征对福利的影响越来越受到重视,因此,为提升福利效用,福利计划应区别对待不同员工需求,而不能等而视之。以下个人特征会对福利造成影响。

(1)性别。以往研究表明,性别会影响应对风险的态度,在福利需求方面,女性更倾向于风险较低的待遇确定型养老金模式,男性则更倾向于风险较高的支出确定型养老金模式。此外,女性也会因为配偶选择风险较高的养老金计划而选择风险较低的养老金计划以平衡风险。

(2)年龄。以往研究表明,年纪偏大的员工会普遍选择待遇确定型的年金计划,偏向于风险程度较低的养老金模式。而年轻员工一般会选择缴费确定型,偏向于风险较大的养老金计划。由于家庭压力和负担较大,年轻员工更重视弹性工作时间、子女托管计划、子女教育支持等福利项目,对促进个体职业发展方面的福利需求较大。年纪较大的员工更偏好健康、医疗等方面的福利项目。

（3）婚姻状况。已婚员工对家庭投入的时间和精力较多，对于涉及工作、生活平衡的福利需求较大，以缓解工作和家庭冲突。针对单职工家庭，福利项目也可以覆盖员工配偶和子女，以解决后顾之忧。

（4）教育程度。以往研究表明，教育程度较高的员工具有更高的自我效能感，更倾向于风险和收益较大的养老金模式。此外，教育程度较高的员工对新的知识和技能的需求较大，对促进个人发展的福利项目更有兴趣。

（5）职级。以往研究表明，职级较低的员工对保障性福利需求较大，职级较高的员工则对特殊的退休金计划更感兴趣。

（6）职位。工作复杂性高、工作环境条件差、工作压力大的岗位，需要充分发挥福利的维持功能，调剂工作和生活节奏，帮助员工放松身心、消除疲劳，缓解工作压力。

（7）其他方面。除了上述方面，员工的福利需求还与其他方面存在密切联系，如工作年限、职业发展阶段、收入水平、居住环境、是否有子女、是否有在职配偶、劳动合同状态（全职或兼职）等均会产生福利需求差异。

三、员工福利管理原则

福利计划主要解决为谁提供福利、提供多少福利、提供福利所依据的标准是什么、提供什么福利等系列问题。员工福利管理原则包括以下几方面。

（1）需要。员工需要是员工福利设计与管理的出发点，否则将削弱福利的作用。在现实中，存在着组织提供的福利员工不需要，而员工需要的福利组织不提供的错位问题，导致福利效用无法发挥。员工存在多种福利需求，组织无法全部满足，因此，应该以多数人最迫切需要为主，如疾病、衰老、生育、失业、工伤等，是每个人无法避免的风险，相关福利项目应优先开展。总的来说，工资是对员工工作能力和贡献的认可，福利则让员工感受到组织关怀和帮助。

（2）战略性。福利管理是人力资源战略的重要组成，不仅要与社会经济环境以及文化环境相匹配，而且要与组织战略相匹配，强化员工对组织目标和价值观的认同。如强调创新的组织，福利管理应有利于促进创新支持氛围，有利于提升员工创新能力。强调成本的组织，福利管理应有效控制增长幅度。

（3）均等性和公平性相结合。福利管理需要在均等性和公平性之间取得平衡，既充分体现保健作用，针对绩效优异员工，也体现激励作用，反映员工劳动贡献和价值。

（4）效益。对组织而言，员工福利不仅是人力成本，也是人力资本投资，追求各种有形或无形的回报，包括生产率提高、吸引优秀人才、提升员工士气、员工行为态度改善、良好的公共关系、工会影响力下降、缓和劳资关系、降低摩擦成本等。因此，企业需要在成本收益分析基础上，对福利项目进行选择和调整。此外，福利支出应保持在支付能力限度内。

（5）合法。法定福利是国家法律法规规定的具有强制性的福利项目，企业需严格遵守相关规定,否则将受到来自政府、社会和员工的压力。

(6) 个性。通过福利需求调查和弹性福利计划,根据员工个人特征和需求提供福利项目,有利于福利效用最大化发挥,避免福利管理在需求和供给方面的结构性错位。

(7) 动态。为更好地实现福利目标,福利管理必须适应现实经济环境、劳动力结构以及员工生活方式变化。此外,员工基本人口构成要素随着职业生涯发展不断产生变化,员工福利类型也将进行调整。

(8) 参与。积极征询员工意见和建议,鼓励员工参与福利计划制订,成立由管理者与员工共同组成的福利委员会来制定、执行、解释和统筹福利政策,使福利项目真正满足员工需要。

四、员工福利设计步骤

由于国家相关法律和政策对法定福利具有明确规定,企业的自主性较小,因此,福利设计主要是针对各项自主福利和补充福利。福利设计需通过合理的程序和步骤以保证其有效性。

(一) 明确福利目标

在设计福利计划时,企业需根据自身因素,如组织规模、公司战略、核心竞争优势、人员特点与结构等,明确福利管理目标。例如,福利计划是侧重均等化还是差异化,是适用于全体员工还是向核心人员倾斜,是以保障为主还是以激励为主,是以人力资本投资为主还是以成本控制为主等。不同福利管理目标会导致福利决策存在差异,具体包括以下方面。

(1) 确定福利保障对象。确定福利保障的资格标准,如以员工组织成员身份、员工性质、工作年限、职位等级、绩效与贡献等为标准,针对不同类型员工在福利设计上体现差异性,这样既可以提升福利个性化程度,也可以有效控制福利成本。

(2) 确定福利资金来源。福利资金可以由组织承担或个人承担,也可以由两者共同承担,需要从短期和长期考虑企业福利成本增长幅度以及企业和个人的福利支付能力。个人承担部分福利费用,有利于福利成本控制,加强员工对福利的关注和节约,但也容易导致员工产生抵触情绪。组织承担全部福利费用,虽然可以减少员工开支,但也容易导致福利的过度消费和不必要消耗。

(3) 确定福利占薪酬总额比重。工资和福利各自具有独特的优势与作用,需要保持两者之间合理比例,在保障性和激励性之间获得平衡,既避免忽视福利导致员工缺乏保障,也避免福利挤占工资导致缺乏激励。在薪酬总额一定的情况下,两者比例取决于组织战略、组织发展阶段、员工需求与偏好等诸多因素。

(二) 福利调查

福利调查是福利管理的重要环节,是设置不同福利组合的基础。福利调查既要针对现状,也要针对未来,既要面向内部,也要面向外部,具体包括以下几种。

(1)福利现状调查。其调查内容包括福利种类、覆盖范围、构成比例、成本效益、管理政策等。此外,还需要调查员工对现行福利的态度和评价,通过福利调查发现不足与缺陷,为福利政策调整提供依据。

(2)市场福利调查。通过市场福利调查,了解主要竞争对手的福利水平策略,以保证福利外部竞争性。通过比较分析,结合组织薪酬水平策略,制定相应福利水平策略,保持与市场福利水平的合理、紧密联系。市场福利调查方式与薪酬调查类似,在此不再赘述。

(3)员工福利需求调查。通过问卷或访谈等调研方法,对员工福利需求和偏好进行分析,让员工对福利重要性进行评价和排序,注重普遍性和重要性相结合,作为制订福利计划的依据。调查过程应重点分析员工普遍需求以及某些核心员工或特殊员工的特殊需求。调查过程需考虑样本代表性以避免偏差,缺乏代表性将导致不公平。调查内容包括:员工福利需要是什么?福利项目重要性和必要性如何排序?福利需求的群体差异分布状况如何?应该提供何种水平的福利?选择何种提供方式?关于外部竞争性,还需要了解其他组织向员工提供了什么福利项目、通过什么形式提供的、效果如何。

(三)福利预算、福利资金筹集方式

根据薪酬支付能力以及薪酬水平策略制定福利预算,并在此基础上,确定福利项目构成。参照薪酬预算方法,福利预算也可以采用宏观法和微观法。前者采用自上而下的方法,根据薪酬总额预算中的福利占比,确定福利总额,再分配至各福利项目。后者则采用自下而上的方法,对个人福利总额进行汇总,再根据福利增长幅度进行调整。

福利资金主要来自企业收入和利润、员工筹集资金等两方面,前者如利润分享、股权激励等,具有分红性质,后者则如社会保险和自主福利的员工缴纳部分等。资金来源可采用单方供款或双方共同供款模式。

(四)福利项目选择和组合

在市场福利调查和员工需求调查,以及明确组织福利目标和福利成本预算的基础上,进行福利项目选择和组合。福利项目选择需谨慎,过多的福利项目会导致成本上升和增加管理难度,如果降低或取消,容易引发员工不满。

根据福利项目的可选择性,福利组合可以分为固定型、自助型、折中型等。其中,固定型福利是设计固定不变的福利组合,员工无从选择,只能被动接受。自助型福利又称弹性福利计划,在制定总成本约束前提下,让员工对福利组合进行选择,以实现福利效用最大化。折中型福利则是两者结合,福利组合包括某些固定项目,如社会保险、住房公积金等,其他部分则采取自助弹性方式,这种做法既体现法定强制性,也体现自主参与性。

当前弹性福利制度成为许多企业福利制度改革的方向。弹性福利制度又称自助餐式福利计划,员工可以在固定福利费用预算中自主选择不同的福利组合。弹性福利包括套餐

型、附加型、核心加选择型、弹性支用账户和选高择低型等。

（五）福利成本控制

随着经济发展以及生活水平提高，员工福利需求逐渐增多。此外，由于福利刚性较大、差异性较小，因此，许多企业福利支出呈现大幅上升趋势，企业有必要对福利成本进行控制，成本控制应贯穿福利设计全过程。其具体做法是，通过销售收入或附加价值估算出总的福利费用，或者确定福利成本占薪酬总额的比率，从而制定预算控制标准。在实施过程中，将实际结果与控制标准进行比较，如果发现偏差，应当及时采取纠偏措施。

由于法定福利具有强制性，因此，福利成本控制主要侧重于企业自主福利部分，做法包括：关注员工生理健康和心理健康，与员工保持良好心理契约，提前预防各类风险；对福利进行成本-收益分析，减少效果不好或员工不满意的福利项目；由员工自己承担部分福利费用；规定福利上限，避免福利成本膨胀和出现"福利赤字"；限定享有特定福利项目的条件和范围，如工龄、绩效、职位等；促使福利供应商彼此竞争，与福利提供者进行谈判，降低购买成本；在双职工家庭中和另一方雇主共同分担福利费用；福利业务外包。总的来说，成本高、增长率高、自主性强的福利项目应该是福利成本控制重点。

（六）福利计划的实施和调整

在福利实施过程中，需持续对福利管理进行监控和调整，具体包括：根据组织战略和目标调整，相应地调整福利计划。关注国家有关福利的法律法规变化，保证福利管理合法合规。关注劳动力市场福利水平变动，以及员工对福利需求和偏好的转变。加强与员工进行交流沟通。与全体员工和参加福利计划制订的员工进行信息交流，使其了解福利效用。周期性地对员工福利计划进行再评估。

福利管理需要员工广泛参与，因此，福利沟通是福利管理中必不可少的环节。通过福利沟通让员工了解福利构成及水平，使其了解福利管理原则、目的、方式等。具体的福利沟通方式包括：编写员工福利手册，解释和说明企业提供给员工的各种福利计划；通过正式方式或非正式方式，定期向员工发布有关福利信息；向员工做福利汇报；建立福利问题咨询办公室或咨询热线；建立互联网福利管理沟通系统。

即 测 即 练

参 考 文 献

[1] 李燕荣.薪酬与福利管理[M].天津:天津大学出版社,2008.
[2] 张正堂,刘宁.薪酬管理[M].2版.北京:北京大学出版社,2016.
[3] 刘昕.薪酬管理[M].北京:中国人民大学出版社,2011.
[4] 仇雨临.员工福利管理[M].上海:复旦大学出版社,2010.
[5] 彭剑锋.战略人力资源管理——理论、实践与前沿[M].北京:中国人民大学出版社,2014.
[6] 余泽忠.绩效考核与薪酬管理[M].武汉:武汉大学出版社,2016.
[7] 中国金融教育发展基金会金融理财师标准委员会(FPCC).员工福利与退休计划[M].北京:中信出版社,2004.
[8] 孟晓斌.适应性绩效:动态环境中员工绩效管理的新思路[J].中国人力资源开发,2009,12(234):17-21.
[9] 张志明.适应性绩效研究进展——基于心理视角的梳理[J].苏州科技大学学报(社会科学版),2020,37(1):41-49.
[10] 王淑珍,张巧玲.任务绩效—关系绩效—适应性绩效管理体系研究[J].中国人力资源开发,2012,8:45-49.
[11] 张石磊.目标设置理论的实验研究——以任务复杂性为调节变量[D].西安:西北大学,2010.
[12] 胡小勇.目标内容效应及其心理机制[J].心理科学进展,2008,16(5):826-832.
[13] 刘金霞.HI公司人工成本管理研究[D].长春:吉林大学,2019.
[14] 于广浩.绩效技术的结果导向观:考夫曼的理论与实践[J].开放教育研究,2015,21(1):80-88.
[15] 罗玲娇.基于宽带薪酬的SY公司薪酬管理体系研究[D].南京:东南大学,2021.
[16] 叶思好.海氏系统法在企业职位评价中的应用[J].中国劳动,2015(1):45-48.
[17] 王振.要素计点法在企业岗位价值评估中的应用研究[D].青岛:中国海洋大学,2010.
[18] 张旭.绩效考核目的对员工建言行为影响机理研究[D].武汉:华中科技大学,2015.
[19] 陈启阳.绩效考核目的与岗位匹配的认知差异:LMX认知差异的调节作用[D].成都:电子科技大学,2021.
[20] 王萍萍.从OKR视角看考核[J].人力资源,2018(8):45-46.
[21] 吴忠良.绩效分析的模型与方法[J].现代教育技术,2009,19(6):58-61.
[22] 于文浩,伍艳.绩效技术的因果观:吉尔伯特的工程学模型[J].现代教育技术,2021,31(3):34-41.
[23] 廖建桥.中国式绩效管理:特点、问题及发展方向[J].管理学报,2013,10(6):781-788.
[24] 梁肖梅,汪秀琼,叶广宁,等.绩效反馈理论述评:知识框架与研究展望[J].南开管理评论,2023,26(3):218-231.
[25] 舒倩.差错管理氛围与员工适应性绩效:心理需求满足和个体主动性[D].合肥:安徽大学,2020.
[26] 张海燕,张正堂.薪酬差距影响研究述评与展望[J].南大商学评论,2020,51:102-119.
[27] 丁明智,张正堂.薪酬制度分选效应研究综述[J].外国经济与管理,2013,35(7):54-62.
[28] 王艳瑾.技能工资制的实施条件[J].中国人力资源开发,2004(6):76-78.
[29] 常荔.国外企业实施技能工资制的理论依据及启示[J].外国经济与管理,2004(10):25-30.
[30] 张勇,龙立荣.绩效薪酬对雇员创造力的影响:人-工作匹配和创造力自我效能的作用[J].心理学报,2013,45(3):363-376.
[31] 黄安余.台湾经济转型中的劳工问题[M].北京:人民出版社,2010.
[32] 张一驰,张正堂.人力资源管理教程[M].2版.北京:北京大学出版社,2010.

[33] 德斯勒.人力资源管理[M].北京：中国人民大学出版社,2012.
[34] 孙玉斌.薪酬设计与薪酬管理[M].北京：电子工业出版社,2009.
[35] 诺伊.人力资源管理赢得竞争优势[M].9版.北京：中国人民大学出版社,2017.
[36] 杜映梅.绩效管理[M].北京：对外经济贸易大学出版社,2003.
[37] 郑楠.绩效管理与绩效考核研究[M].北京：世界图书出版公司,2018.
[38] 曾湘泉.薪酬管理[M].北京：中国人民大学出版社,2014.
[39] 刘钧.员工福利与退休计划[M].北京：清华大学出版社,2009.
[40] 张丽华.薪酬管理[M].北京：科学出版社,2017.

附 录

港澳台地区雇员福利管理

附录A 中华人民共和国香港特别行政区员工福利管理

一、社会保障体系

中华人民共和国香港特别行政区(以下简称"中国香港")的职业福利包括劳工老年、残疾、死亡、疾病、生育、工伤、失业等风险保障,分为强制性和任意(自主)性两类,前者是法律法规的强制要求,后者则为企业自主。中国香港的社会保障体系具有以下特点。

第一,独特的社会福利文化。中国香港有较为独特的社会福利文化。在福利价值观方面,中国香港人民相信辛勤工作,努力为自己和家庭改善生活与创造幸福,要勤俭储蓄,为将来筹划,自助为主。

第二,社会福利责任主体多元化。社会福利责任主体由政府、社会咨询机构和非政府社会工作机构等构成。特区政府是福利政策主要制定者和执行者,是福利经费资源的主要提供者。在资金来源方面,重视发展社会资本,强调社福界、商界与政府等多方协作,特区政府是社会福利主要提供者,福利开支占公共开支较高比例,覆盖率高,享用资格属于无偿或低收费。福利经费由政府部门分配和监管。非政府层面的社会力量,包括社会福利机构、商界、专业界别组织、义工等,其中,商界和专业界别组织主要提供慈善捐款、福利资金援助。福利机构由社会工作专业人员构成,专业化程度高,负责具体实施社会福利服务。

第三,社会福利内容具有广泛性和针对性。中国香港社会福利可分为直接经济援助和福利支援服务两大类。前者是针对特定人群制定的各项社会保障,如综援、交通意外伤亡援助等。福利支援服务内容包括安老服务、家庭服务、儿童服务、康复服务、医疗社会服务、心理服务等,无论是服务内容或对象均在广泛的基础上,做到了具体化和细化。

二、雇员福利构成

(一) 医疗保障

中国香港医疗保障属于混合型医疗保障体系,包括公立和私立的医疗卫生服务机构。

病患可以选择公立或私立的医疗机构。医院管理局主要负责提供公共医疗卫生服务,经费主要来自政府一般性收入。公共医疗卫生服务覆盖中国香港全部居民,中国香港是医疗补助程度最高的发达经济体之一,住院病人的医疗补助大概占总成本95%。此外,私立医疗卫生服务具有重要补充作用,提供更多选择和便利,主要通过现金支付的家庭开支筹措资金,剩余部分由私人保险和雇主提供的医疗福利支付。

除此之外,在医疗保障方面,雇员享有疾病假期、医疗津贴和职业保障等。首先,有薪病假根据服务期限累计,雇员按连续性合约受雇,在最初受雇的12个月内每服务满1个月,可以累计2天有薪病假。其后服务每满1个月,可以累计4天有薪病假,有薪病假在整个受雇期间持续累积,最多累计至120天。其次,根据《雇佣条例》的规定,在有薪病假期间,雇主必须支付雇员疾病津贴。雇员按连续性合约受雇,符合以下条件,便可领取疾病津贴,分别是:第一,病假不少于连续4天。第二,雇员出示适当的医生证明书。第三,雇员已累积足够有薪病假。疾病津贴的每日款额相当于雇员在指明日期前12个月内每日平均工资的4/5。此外,在职业保障方面,除因雇员犯严重过失而将其即时解雇外,雇主不可在放取有薪病假期间解雇该雇员。

(二)养老保障

中国香港多元文化形成了政府、社会、家庭、个人责任相结合的多元社会保障理念。养老保障责任主体包括个人(家庭)、企业、特区政府和第三部门,其中,第三部门是不属于政府公共部门、不以营利为目的的非政府社会工作组织。

特区政府于2000年12月开始推行《强制性公积金计划条例》(以下简称"强积金")。该条例规定,年满18岁至未满65岁的一般雇员、临时雇员和自雇人士,均须参加强积金计划。雇员和雇主均按强积金计划定期供款,双方供款额均为雇员月收入5%,并设有最低和最高的供款标准。在政府规定的5%供款标准之外,雇员和雇主可在此基础上提高供款比例——自愿性供款,为员工增加退休养老储备。各个主体的功能表现为,雇员和雇主承担主要责任,强制履行缴费义务,构成主要经费来源,政府主要负责监督和建立补偿基金。参加强积金制度的雇员在65岁退休之时,可一次性领取自身和雇主所供款项的本金以及投资利得。如果在退休之前发生死亡、丧失行为能力或永久离开中国香港等情形,供款本金和投资利得可不受退休年龄限制提前领取。

特区政府不直接参与强积金经营,由供款人自主选择受托人(如私营或公营的基金公司),再由受托人对强积金进行市场化运作和投资管理。强积金回报率取决于受托人投资回报,政府不承担保底责任,但政府建立补偿基金,对受托人因失当或违法行为导致的损失予以一定补偿。

特区政府成立强制性公积金计划管理局(积金局),监督和检查强积金计划执行状况,审批公积金运营机构资格,对公积金投资范围和比重作出限制性规定,如限制对港元和外币投资比例为3:7,对单一客户投资比重不得超过50%等。

总的来说，中国香港养老退休保障具有以下特征：①强制雇员为自己晚年退休生活保障进行预防性储蓄，加入储蓄基金进行自我保障。②公积金运营方面引入市场机制。供款人可自由选择基金运营机构，投资回报完全取决于基金运营机构经营水平，特区政府不予风险保底，基金运营机构为吸引客户，尽可能降低管理成本和运营风险，为供款人提供最大的回报。③特区政府积极扮演监管角色。特区政府不直接参与公积金款项投入及投资运营，只负责提供相应制度安排，如制定有关实施规则，设立专门管理机构，规定公积金投资方向和投资组合等。在推行强积金计划过程中，特区政府奉行"积极不干预"原则，充分发挥市场机制作用，充当管理者而非参与者。强积金运营依赖市场机制，政府角色是透过成立强制性公积金计划管理局（积金局），监管制度健全运作，但不参与供款和提供补贴，雇员在退休后最终得到多少退休金，完全取决于公积金的投资回报。

（三）失业保障

特区政府对劳动力市场采取不干预态度，暂未建立失业保险制度，但建立了失业援助制度。两者区别体现在：第一，失业保险是为已经工作但失去工作的人士提供生活保障。失业救助则是对没有工作或者丧失工作能力以及因其他特殊原因导致失业的人士提供的救助。第二，失业保险费主要由公司或被保险人缴纳，由保险机构管理和发放。失业救助是政府部门直接或委托相关机构发放，救助金来源于特区政府财政预算。第三，失业保险是促进就业、维护失业人士合法权益的措施，而失业救助是社会公益的体现。

失业人士面临经济困难，除了向家人求助之外，可以申请综合社会保障援助计划，接受低税水平救助。综合社会保障援助计划是向有需要的个人或家庭提供经济援助，使其收入达到一定水平，以应付生活基本需要，为在经济上无法自给自足的人士提供安全网。综援计划无须供款，但必须接受经济状况的调查，主要由税收和政府收入资助。综援计划通过现金补助援助那些因年老、残疾、患病、失业、低收入或其他原因引致经济出现困难的人士，使其能应付生活基本需要。处于失业状态、每月从工作中所赚取收入少于规定标准以及工作时数少于规定标准的人士，依照规定可以参加自力更生支援计划，计划目的是协助身体健全的综援申领人寻找有薪工作，从而实现自力更生。

此外，在失业保障方面，雇员还享有长期服务金或遣散费、破产欠薪保障等。部分雇员享有公积金或年积金，被解雇时可领取。政府公务员被辞退时，也可以领取年积金。根据《雇佣条例》的规定，雇员被解雇或被裁员可获得一定数额的遣散费。在长期服务金方面，依据《雇佣条例》，当雇员根据连续性合约受雇不少于5年，在发生下列情况时需向雇员支付长期服务金：①该雇员非因严重过失或公司裁员而遭到解雇；②该雇员被注册医生证明不适合现时工作并因此辞职；③该雇员已年满65岁并因此辞职；④该雇员在职期间死亡等。依据《雇佣条例》，遣散费与长期服务金不能兼得。遣散费适用于裁员情况，而长期服务金则是为在非裁员情况下被解雇的雇员提供的报酬。

(四) 工伤保障

中国香港工伤保险制度属于混合型社会保障制度,是政府强制推行、私营保险公司受托承办的保险方式。工伤保障受到《雇员补偿条例》《职业安全及健康条例》《肺尘埃沉着病(补偿)条例》等劳工法例规范,因此,为雇员购买工伤保险是雇主的法定义务。工伤保险费用主要用于保险经纪佣金、保险公司管理费、工伤补偿等。除此之外,工伤保险费还运用于工伤预防,私营保险公司会要求投保雇主进行工伤风险评估及工伤预防改善。工伤保险赔偿项目包括:因伤而导致死亡;因伤而导致永久完全丧失工作能力;因伤而导致永久局部丧失工作能力;因伤而导致暂时丧失工作能力;因雇主疏忽或过失引致之伤亡;医疗费用等。

中国香港工伤保障制度遵循以下原则:①强制性。依据《雇员补偿条例》,雇主必须为每位雇员购买工伤保险,并承担全部费用。如果不履行投保义务,雇主将受到处分或罚款。劳工处负责监督管理和统一协调《雇员补偿条例》执行情况,防止商业保险公司为追逐自身利益而损害保户以及雇员利益的行为发生。②绝对责任。由雇主承担全部保险费缴纳义务,凡雇员在受雇期间从事职业工作受到任何伤害,只要不是雇员自身故意行为所致,雇主均须按照《雇员补偿条例》的规定,对雇员及其家属履行法定补偿义务,相对于过错责任赔偿制度,绝对责任原则更有利于保障劳工利益。③限额补偿。受伤雇员有权根据《雇员补偿条例》向雇主索偿,可以获得《雇员补偿条例》规定补偿额,但不超过规定的上限。④补偿和预防相结合。工伤保险费除用于工伤补偿外,还规定部分比例(5.8%)用于工伤预防,相关款项按比例分配给不同法定团体。中国香港工伤保险由私营保险公司运行,私营保险公司会要求投保雇主在政府部门监督下,进行工伤风险评估及工伤预防改善管理。

工伤保障方面,雇员主要享有工伤死亡赔偿、伤残赔偿和职业病赔偿等。工伤保险补偿包括遗属保险金、伤残保险金、工伤补助金、医疗补助等。遗属保险金按照死者年龄,支付相当于死者生前36个月到84个月工资收入不等的补偿金给需要抚养的家属,有最低标准限制。无遗属的则支付丧葬费。伤残保险金给予永远完全残废者,根据雇员年龄一次性支付经常护理补贴。工伤补助金则是面向因工负伤而又未导致永久完全或部分丧失工作能力的雇员的收入保障待遇。对于受工伤的雇员还有专门的医疗补助等待遇,用于受伤雇员的医疗检查、治疗和辅助器具等。

(五) 生育保障

在生育保障方面,女性雇员享有分娩假期、分娩期工资和职业保障等。

在产假方面,根据《雇佣条例》的规定,女性雇员只要在产假开始前按连续性合约为雇主服务,并给予雇主怀孕及准备放取产假的通知,便可享有产假,包括:第一,连续14星期的产假。第二,若分娩日期较预产期迟,可享有一段日数相等于预产期翌日起至实际分娩日为止的额外产假。第三,雇员因怀孕或分娩而引致疾病或不能工作,最多可额外休假

4星期。

在产假薪酬方面,雇员在以下条件下享有产假薪酬:第一,在产假前按连续性合约受雇满40个星期。第二,给予雇主怀孕及准备放取产假通知。第三,如果雇主提出要求,向雇主递交医生证明书说明预产期,雇员可享有14个星期有薪产假,产假薪酬的每日款额等于雇员在"产假首天"前12个月内所赚取的每日平均工资的4/5,依正常工资期支付。产前或者产后检查时间,按照病假计算,可以得到病假津贴。

在职业保障方面,怀孕雇员符合以下条件,则雇主由雇员经医生证明书证实怀孕之日起至产假结束而应复工之日为止,不得解雇雇员,分别是:第一,雇员按照连续性合约受雇。第二,雇员已向雇主发出怀孕通知。如雇员在发出怀孕通知前已被雇主解雇,可在紧接解雇通知后立即提交怀孕通知予雇主。在这种情况下,雇主须撤回解雇决定。中国香港通过法律形式(性别歧视法例)保证怀孕劳工具有平等就业权,性别歧视是指基于性别、婚姻状况及怀孕而给予的歧视。

男性雇员如符合以下条件,其配偶/伴侣每次分娩享有5天待产假:第一,为初生婴儿的父亲或有婴儿即将出生。第二,按连续性合约受雇。第三,已按条例规定通知雇主。待产假薪酬的每日款项相当于雇员在待产假前12个月内所赚取的每日平均工资的4/5。

(六)休息日、法定假日及有薪年假

根据《雇佣条例》的规定,连续性合约雇员每7天可享有不少于1天休息日,即在连续不少于24小时内,雇员有权不为雇主工作。休息日由雇主指定,分为固定性休息日和非固定性休息日。雇主不得强迫雇员在休息日工作,除非发生故障或紧急事故。如雇主要求雇员在休息日工作,必须另安排休息日。休息日属有薪或无薪,由雇主和雇员双方协商确定。

在法定假日方面,不论服务年资长短,所有雇员均可享有12天法定假日,分别是:①1月1日;②农历年初一;③农历年初二;④农历年初三;⑤清明节;⑥劳动节(5月1日);⑦端午节;⑧香港特别行政区成立纪念日(7月1日);⑨中秋节翌日;⑩重阳节;⑪国庆日(10月1日);⑫冬节或圣诞节(由雇主选择)。如雇主要求雇员在法定假日工作,需安排代替假日给雇员,不得以款项代替法定假日。如雇员在法定假日之前已按连续性合约受雇满3个月,可享有假日薪酬。

在带薪休假方面,根据《雇佣条例》,雇员按连续性合约受雇每满12个月,可享受有薪年假。有薪年假日数按雇员受雇年资由7天递增至最高14天,年假须为一段不间断的期间。年假薪酬的每日款额等于雇员在指明日期前12个月内所赚取的每日平均工资。

依照《雇佣条例》,所有雇员,不论服务年资长短,雇主应保障雇员12天法定假日,如果雇主要求雇员在法定假日工作,就必须在事前至少48小时通知雇员,雇主不得以任何形式的款项代替法定假日。此外,雇员按连续性合约受雇每满12个月,可享有7~14天的法定年假,具体日数根据工作年资计算,如服务年限为1年,有薪年假日数为7天,如服务年限为9年或以上,有薪年假日数为14天。有薪年假薪酬应按指明日期前12个月的每日平均工

资计算。

附录 B　中华人民共和国澳门特别行政区员工福利管理

一、社会保障体系

中华人民共和国澳门特别行政区（以下简称"中国澳门"）是规模较小的经济体，在特定历史、经济、社会因素影响下，中国澳门社会保障制度起步于20世纪80年代，虽然时间上较晚，但经过40多年发展，逐渐形成了适合中国澳门经济特点的社会保障制度。中国澳门社会保险主要由社会保障基金承担，是以劳动者为保障对象的强制性供款式制度，属于社会保险范畴。社会保障基金以劳动者为保障对象，目的是加强对澳门特区雇员的保障水平，涉及的保障包括养老金、疾病津贴、残疾恤金、失业津贴等。社会保障基金体现了保障者权益与义务相结合的原则，规定缴费是受益的前提条件，是一种共同供款的制度。社会保障基金是一种强制性供款，所有雇主均须为雇员向社会保障基金登记及供款。其具体特点包括以下几方面。

(1) 具有多元化的社会保障制度。人口结构变化，推动了中国澳门社会保障体系建立和发展。特区政府于2008年提出双层式社会保障制度，第一层次为强制性社会保障制度，第二层次为非强制性中央公积金制度。双层式社会保障制度以及政府援助、个人储蓄、家庭支持等，共同构成中国澳门的社会保障体系。近年来，中国澳门社会保障体系在覆盖面、保障内容和水平等方面不断提升。

(2) 社会保障的融资制度与地区特色产业结合。由于历史原因，中国澳门的产业结构较为单一，以第三产业尤其是博彩旅游业为主，根据《澳门统计年鉴》，2008年至2019年，澳门博彩业毛收入在GDP中占比均超过六成，2011年甚至高达91.07%，博彩税占财政收入超过七成。近年来由于疫情因素，2020—2022年，澳门博彩业毛收入在GDP中占比降至三成左右。2022年，博彩业占GDP比重为23.8%，博彩税占财政收入18.3%。特区政府对支柱产业征收博彩税，再通过财政拨款支持社会保障基金融资，充分保证社会保障的资金来源，博彩业作为支柱产业通过财政拨款与社会保障融资制度相结合，具有较为显著的地方特色。

(3) 市场投资对社会保障基金的重要性越来越大。社会保障基金通过市场化运作实现保值增值。根据《社会保障基金2022年度报告》，社会保障基金投资管理方面，社会保障基金一直采取审慎、稳健的投资策略，截至2022年12月31日，投资资产总值约858亿澳门元，其中，银行定期存款总额约439亿澳门元，占投资组合的51.14%，而环球金融投资的市值约419亿澳门元，约占48.86%。投资组合包括银行定期存款和全球金融投资等，尤其是全球金融投资的比重逐渐升高，通过投资实现增值的作用越来越显著。值得注意的是，全球金融投资的投资收益波动性比较大,容易受到国际政治、经济、文化环境影响,对社会保障基金的安全性和稳定性形成一定风险。

(4) 特区政府承担过多责任,企业供款和个人自筹供款比例相对较小。社会保障基金由雇主和雇员共同负担,劳资双方有义务按一定比例定期向社会保障基金供款,雇员因法定情况不能工作时可获得社会保障基金提供的保障援助。除了投资收益之外,社会保障基金主要由特区政府拨款来维持,劳资双方供款只占很小比例,虽然减轻了企业和居民的支出负担,但也增加了特区政府的财政压力。《社会保障基金 2022 年度报告》显示,社会保障基金总收入约 28.2 亿澳门元。其中,澳门特区政府拨款约 12.28 亿澳门元,约占全年总收入的 43.57%,利息及股息收入约 8.86 亿澳门元,约占全年总收入的 31.4%。来自劳资双方供款的收入约 3.78 亿澳门元,约占 13.41%,所占比例较低。在社会保障制度中的强制性制度方面,每月供款金额为 90 澳门元,其中,雇主每月供款金额为 60 澳门元,雇员为 30 澳门元,比例为 2∶1。任意性制度则由受益人自行承担全份供款。

(5) 资源较为有限。中国澳门在经济结构上以第三产业尤其是博彩旅游业为主。长久以来,博彩旅游业作为中国澳门的特色支柱产业,吸引了大量周边国家和地区的游客,推动了博彩旅游业的发展。但与此同时,经济结构较为单一的问题也较为凸显,目前在中央政府支持下,特区政府不断在经济结构多元化方面努力探索,并取得了显著成效,在促进中国澳门社会经济发展的同时,也为社会保障体系提供更多资源支持和保证。

二、雇员福利

中国澳门社会保障制度分为强制性制度及任意性制度两个方面。具有劳动关系的本地雇员及雇主须向社会保障基金缴纳强制性制度供款。符合相关法律规定的中国澳门居民可进行任意性制度供款。在社会保险运作原则下,居民通过履行供款义务,可依法享受养老金、残疾金、失业津贴、疾病津贴、出生津贴、结婚津贴和丧葬津贴等。社会保障制度为居民提供基本社会保障,改善居民生活质量。

(一) 养老保障

2008 年 11 月,中国澳门特区政府公布《社会保障和养老保障体系改革方案》,目的是通过调整社会保障基金,为中国澳门永久居民提供最基本的退休生活保障。新设立的非强制中央公积金,是在最基本保障基础上,提高居民退休生活质量,形成双层式社会保障制度,具体包括:第一层:社会保障基金——实现保障群体的广泛覆盖。社会保障基金提供退休生活的基本保障和就业期间的工作风险保障,包括就业人口在职时因工伤、职业病、失业等原因导致经济困难时予以现金补贴,帮助其渡过难关。同时,从其年满 65 岁开始,每月发放养老金,使其退休生活得到基本保障。近年来,中国澳门不断提升养老金水平。第二层:养老保障由非强制中央公积金承担。由于老龄化问题以及个人承担比例过低,特区政府在调整现行社会保障基金的同时,2009年实施新社保制度,以非强制、引导为主的方式成立非强制中央公积金。非强制性体现在不强制参与,也不强制雇员、雇主和自雇者供款,但特区政府会引导雇主参加,并鼓励将已成立的私人退休金计划整合到中央公积金体系内运作,与此同时,也可选择按现行模式继续运作。

与强制性基金不同,非强制中央公积金专注于满足居民基本退休保障后,享有更好、更宽裕的退休生活。同时通过非强制中央公积金的政府资助部分,让中国澳门居民共享经济发展成果。通过共同运作平台,推动中国澳门大小企业广泛地建立雇主与雇员共同供款的退休公积金制度。通过逐步增加雇主和雇员供款额,扭转现行社会保障基金过于偏重政府开支的局面,实现三方共同参与,形成较合理比例。

非强制中央公积金分为分配制度和供款制度两种方式。分配制度是特区政府在财政年度预算执行情况允许下,向符合资格的中国澳门居民作出鼓励性基本款项和预算盈余特别分配,由社会保障基金管理。供款制度是核心部分,形式是雇主及雇员共同供款,或居民个人供款,并由符合资格的基金管理实体管理,通过投资退休基金,为居民养老生活保障提供充裕准备。

(二)医疗保障

中国澳门居民可以从政府、非牟利医疗机构和私人医疗机构得到医疗保障福利。政府提供的医疗服务,可分为初级卫生保健和医院医疗服务两种。各卫生中心免费为居民提供各类医疗保健服务。医院专科医疗服务方面,所有居民享有30%的医疗费用减免,亦可经由卫生中心转介到综合医院进行免费的辅助检查。另外,部分特定人士,如65岁以上老人、小童、中小学生、孕产妇、精神病人、传染病人和癌症病人等享有免费医院医疗服务。

此外,许多企业为员工提供医疗、住院及门诊保险计划,牙医保健保险计划等商业医疗保险计划。根据企业支付能力和福利政策的不同,费用支付方式包括全部由企业承担、企业和员工共同承担等。弱势个体则可以享受特区政府的免费医疗援助。

(三)工伤意外权益

当发生工作意外,无论意外引致的伤势轻重,受伤雇员或其家人应在工作意外发生后24小时内,以口头或书面方式向雇主或代表雇主做领导工作之人通知意外之发生。工伤法定赔偿包括:休假期间2/3薪金赔偿;医疗费用赔偿;因工作意外引致伤残率或死亡的法定赔偿。其中,医疗费用赔偿规定受伤雇员的医疗费用最高赔偿金额为315万澳门元。

(四)失业保障

在中国澳门,属强制性制度的受益人,同时具备下列条件,经申请可获发失业津贴:①处于非自愿失业状况;②自于劳工事务局作出求职登记之日起至少15日内仍处于失业状况;③在作出求职登记的季度前12个月中,至少有9个月以属强制性制度受益人身份向社会保障基金供款;④愿意接受与其专业能力相符的工作。其中,非自愿失业是因为下列原因终止劳动合同且未从事任何有报酬活动者,包括:雇主解除劳动合同;雇员以合理理由解除劳动合同;劳动合同失效;因企业重组而引致在职人员或部门裁减的情况下废止的劳动合同;雇主在试用期内终止合同等。雇员拒绝具有确定期限的劳动合同的续期,不构成非自愿失业状况。失业津贴保障水平为每日150澳门元,发放期限根据相关计算方法,每期发放日数最长为90日。

(五)生育保障

女性雇员有权因分娩而享受70日有薪产假。在分娩之日劳动关系超过一年的女性雇员有权获得产假期间的基本报酬。在享受产假期间劳动关系才满一年的女性雇员,有权获得在劳动关系满一年后仍享受的产假期间的基本报酬。产假期间报酬按照女性雇员在正常工作的情况下以相同期间及方式支付。在职业保障方面,雇主不得解雇处于怀孕期或分娩期后3个月的女性,否则,雇主需给予该女性雇员应有的赔偿。

此外,男性雇员有权因成为父亲而享受待产假,假期时长为5个工作日。待产假期的报酬按男性雇员在正常工作情况下的相同期间及方式支付。

(六)法定假日和有薪年假

根据中国澳门劳动关系法,雇员在每周有权享受连续24小时的有薪休息时间。

在中国澳门,强制性(法定)假期有10日,分别是元旦、农历正月初一至正月初三、清明节、劳动节、中秋节翌日、国庆节、重阳节和特区成立纪念日。

在中国澳门,劳动关系满一年的雇员,在第二年有权享受不少于6个工作日的有薪年假。劳动关系在一年以下、3个月以上的雇员,工作每满一个月于第二年享有半日年假,余下时间满15日亦可享有半日年假。

附录C 中华人民共和国台湾地区员工福利管理

一、劳工保险

在中华人民共和国台湾地区(以下简称"中国台湾"),劳工保险是涉及劳工利益的社会保障制度,当劳工遇到生、老、病、伤、残等事故时,即以现金给付或医疗给付的方式来保障劳工生活。劳工保险不同于商业保险,不是以盈利为目的,而是作为实施劳工福利政策的一种手段,也不同于一般的社会救济,不但需要缴费,而且权利和义务是对等的。

从劳保给付看,现行承保项目分为普通事故保险和职业灾害保险两大类。普通事故保险给付包括生育、伤病、医疗、残废、老年、死亡六种。职业灾害保险给付则为伤病、医疗、残废和死亡四种。给付方式分为现金给付和医疗给付两种。凡被保险人或其受益人,于保险生效后、停止前所发生事故,均得依条例规定领取保险给付。现金给付额度以投保工资为计算标准,医疗给付则于发生疾病或伤害时,由劳保局特约医疗单位直接提供医疗救治服务。

劳工保险分为两大类,分别是:①普通事故保险;②职业灾害保险。前者采用弹性费率制,后者采取差别费率制。普通事故保险费率为投保金额薪资的6.5%~11%,由被保险人负担20%,投保单位负担70%,其余10%由其他主体负担。职业灾害保险费率全部由投保单位负担,以便督促重视改善厂矿安全卫生设施,预防与减少职业灾害发生。职业灾害保险费率根据风险程度每年计算调整。被保险人在遇到与职业和工作无关的普通事故风险时,在符合条件情况下,可以获得伤病给付、医疗给付、残疾给付、死亡给付、老年给付和生育给付等。被保险人在遇到职业灾害风险时,可以获得死亡给付、残疾给付、医疗给付、伤病给付等。

二、退休养老保障

劳工工作满15年以上,年满55岁者或工作25年以上者,可以申请自愿退休。中国台湾实行弹性退休模式,退休年龄具有伸缩性,如果劳工年满60岁,而雇主无解雇表示,劳工身强体壮且愿意留任,即可延长就业,其劳动条件与其他劳工相同。

劳工退休金奉行零存整取、政府管理、专家经营、劳工参与监督原则,创设劳工退休准备金制度。其主要措施有:第一,强制雇主按月提拨退休准备金。劳工退休金制度采用缴费确定制,为员工设立个人账户,以个人账户的积累值确定其退休金水平。雇主每月负担之劳工退休金提缴率,不得低于劳工每月工资6%。劳工得在其每月工资6%范围内,自愿另外提缴退休金。劳工自愿提缴部分,得自当年度个人综合所得总额中全数扣除。劳工年满60岁,工作年资满15年以上者,得请领月退休金或一次退休金。但工作年资未满15年者,应请领一次退休金。第二,劳工退休准备金由指定金融机构保管运用。其最低收益不得低于当地银行两个定期存款利率计算的收益。第三,在劳工退休金给付方面,凡符合退休条件者,以核准退休时1个月平均工资为基数,凡工作满1年给2个基数,超过15年,每满1年给1个基数,最高以45个基数为限。未满半年者按半年计,满半年者以1年计。劳工退休金给付方式以一次性领取为原则。如果雇主难以一次性支付退休金,得报经主管机关核定后分期给付。第四,退休基金由劳工与雇主共同组织委员会监督,委员会中劳工代表人数不少于2/3,主要负责退休金基金的审议、监督与考核。

三、失业保障

20世纪90年代以来,中国台湾企业停业、倒闭情况严重,失业劳工数量庞大。面对高失业率情况，中国台湾开始重视劳工失业保障问题。中国台湾失业保险规定较严格，这与"重就业、轻保障"的保障政策是一致的。失业给付标准通常低于一般劳工所得水平，以增强失业者的就业意愿，避免出现宁愿领失业救济金而不愿就业的情况。

失业保险保障对象是16岁至60岁参加劳工保险的被保险失业劳工。在失业劳工身份认定方面，劳工必须是非自愿失业，如投保单位倒闭、迁厂、休业、解散、破产等，致使劳工失业，自愿失业不在保障范围内。为了不增加劳资双方的保费负担，失业保险费从现行劳工保险费率6.5%内提取1%支付，具有劳工失业风险分摊的保险性质以及税收救济失业劳工的社会福利性质，失业保险基金的资金来源于保费，不足部分再由财政转移支付。

失业保险金按照被保险人每月平均投保工资的50%计算，每半个月发放一次。此外，失业保险金数额也取决于缴纳失业保险费的时间长短。如缴纳失业保险费合计未满5年者，每次最高发给3个月，5年内合计以发给6个月为限。缴纳失业保险费合计满10年以上，每次最高发给8个月，合计以16个月为限。

四、工时、休假福利

中国台湾劳工所享有休假福利种类较全，而且标准也比较高，劳工享有特别休假、法定假日、休息日、病假、产假、生理假、陪产假、婚假和丧假等。

在工时方面，劳工每日正常工作时间不超过8小时，每两周工作总时数不超过84小时。雇主如果有员工加班需要，加班时间和正常工作时间加总值在1日内不得超过12小时，1个月加班工时不得超过46小时。

在休假方面，劳工每7日中至少应有1日休息以作为例假。在带薪休假方面，劳工在同一雇主或事业单位，继续工作满一定期限者，每年应规定给予特别休假，如工作年限在1年以上、3年未满者7日。特别休假随着工作年限而增加，最长30日为止。在例假、特别休假和其他规定放假之日期间工资由雇主照付。雇主经征得劳工同意于休假日工作者，工资应加倍支付。

教师服务

感谢您选用清华大学出版社的教材！为了更好地服务教学，我们为授课教师提供本书的教学辅助资源，以及本学科重点教材信息。请您扫码获取。

》 教辅获取

本书教辅资源，授课教师扫码获取

》 样书赠送

企业管理类重点教材，教师扫码获取样书

清华大学出版社

E-mail：tupfuwu@163.com
电话：010-83470332 / 83470142
地址：北京市海淀区双清路学研大厦 B 座 509

网址：https://www.tup.com.cn/
传真：8610-83470107
邮编：100084